中央党校(国家行政学院)
国家高端智库系列丛书

HOW TO STEER THE BIG SHIP OF
CHINA'S
ECONOMY

中国经济大船
怎么开

中央党校（国家行政学院）经济学部◎编著

曹 立◎主编

人民出版社

责任编辑：陈百万
封面设计：林芝玉
版式设计：严淑芬

图书在版编目（CIP）数据

中国经济大船怎么开 / 中央党校（国家行政学院）经济学部 编著；
　曹立 主编 . — 北京：人民出版社，2023.7
ISBN 978 - 7 - 01 - 025781 - 5

I. ①中…　II. ①中…②曹…　III. ①中国经济 - 经济发展 - 研究　IV. ① F124

中国国家版本馆 CIP 数据核字（2023）第 116548 号

中国经济大船怎么开
ZHONGGUO JINGJI DACHUAN ZENMEKAI

中央党校（国家行政学院）经济学部　编著
曹　立　主编

人民出版社 出版发行
（100706　北京市东城区隆福寺街 99 号）

北京中科印刷有限公司印刷　新华书店经销

2023 年 7 月第 1 版　2023 年 7 月北京第 1 次印刷
开本：710 毫米 × 1000 毫米 1/16　印张：15.75
字数：188 千字

ISBN 978 - 7 - 01 - 025781 - 5　定价：59.00 元

邮购地址 100706　北京市东城区隆福寺街 99 号
人民东方图书销售中心　电话（010）65250042　65289539

目　录

前　言
以新气象新作为推动中国经济稳中求进

2023 年是全面贯彻党的二十大精神的开局之年，要全面贯彻落实党的二十大精神，按照中央经济工作会议部署，扎实推进中国式现代化，推动经济运行整体好转，实现质的有效提升和量的合理增长，持续改善民生，保持社会大局稳定，为全面建设社会主义现代化国家开好局起好步。抗疫三年，我国经济保持平稳发展，是世界经济增长的稳定器和主要动力源，充分彰显了中国共产党领导和中国特色社会主义制度的显著优势，充分证明了中国经济具有强大韧性、广阔空间和巨大潜力。

一、应对三重压力，经济有望回升

2022 年，以习近平同志为核心的党中央统筹国内国际两个大局，统筹疫情防控和经济社会发展，统筹发展和安全，有力有效实施宏观调控，取得了极为不易的成就。同时也要看到，经济运行中供给冲击、需求收缩、预期走弱三重压力仍然存在，经济修复仍面临多重挑战，在一系列稳增长和结构调整措施的背景下，宏观政策对于经济修复的支持力度将进一步加大，同时优化疫情防控措施叠加发力，将给经济恢复发展带来重大积极影响，经济运行有望总体回升。

（一）取得极为不易的成就

2022 年是党和国家历史上极为重要的一年。党的二十大胜利召开，描绘了全面建设社会主义现代化国家的宏伟蓝图。面对风高浪急的国际环境和艰巨繁重的国内改革发展稳定任务，以习近平同志为核心的党中央团结带领全国各族人民迎难而上，全面落实疫情要防住、经济要稳住、发展要安全的要求，加大宏观调控力度，实现了经济平稳运行、发展质量稳步提升、社会大局保持稳定，我国发展取得来之极为不易的新成就。

在攻坚克难中稳住了经济大盘。在复杂多变的环境中基本完成全年发展主要目标任务。2022 年，国内生产总值增长 3%，城镇新增就业 1206 万人，年末城镇调查失业率降到 5.5%，居民消费价格上涨 2%，货物进出口总额增长 7.7%，财政赤字率控制在 2.8%，国际收支保持平衡，人民币汇率在全球主要货币中表现相对稳健，粮食产量 1.37 万亿斤，增产 74 亿斤。

抗疫三年，我国发展成就举世瞩目。抗疫三年，中国经济发展成就在世界各主要经济体中表现亮眼。我国持续加大宏观调控力度，积极做好"六稳""六保"工作，有效应对外部风险传导冲击。我国经济在世界各国中率先复苏，并顶住多轮疫情冲击，保持恢复向好态势。2020 年我国是全球唯一实现正增长的主要经济体，2021 年实现 8.4% 的经济增长，2022 年顶住下行压力保持了经济增长。三年间，我国 GDP 增量约 3.5 万亿美元，占全球经济增量比重超过 1/4，是世界经济恢复增长的主要稳定器和动力源。各方普遍看好 2023 年中国经济发展前景，国际货币基金组织（IMF）预计中国经济增速有望达到 5.2%。

（二）三重压力仍然较大

当前，我国经济运行仍然面临不少风险和挑战。从全球看，乌克兰危机延宕发酵、世界经济增长乏力、全球贸易受到冲击等严峻复杂的外部环境，给我国经济带来的影响在加深；从国内看，经济恢复基础尚不牢固，需求收缩、供给冲击、预期转弱三重压力仍然较大，产业链供应链运行不畅、企业生产经营活动受阻、科技创新能力不强等问题依旧存在。

需求收缩主要表现在：一是主要受疫情影响，最终消费对经济增长的贡献率明显减弱，社会消费品零售总额增速波动加剧，居民基础性消费占比和网上零售额占比较 2020 年、2021 年继续抬升。2022 年，我国最终消费支出拉动 GDP 增长 1.0 个百分点，对经济增长的贡献率仅为 32.8%，较上年下降 32.6 个百分点，也大幅低于疫情暴发前的水平（2017—2019 年，最终消费支出对经济增长的平均贡献率为 59.5%）。

二是房地产、制造业以及基础建设方面放缓。受疫情和预期变化等多重因素影响，2022 年，房地产开发投资同比下降 10.0%，降幅较上半年扩大 4.6 个百分点，比前两年平均增速低 15.7 个百分点；制造业投资在出口增长较快以及相关政策扶持下，同比增长 9.1%，比前两年平均增速高 3.7 个百分点，显示出一定程度的韧性，但进入四季度以来，随着我国出口负增长，叠加前两年基数快速抬升影响，制造业投资月度增速出现了较大幅度下降。

三是出口贸易方面出现下降。2022 年 11 月，我国出口额同比下降 8.7%，进口额同比下降 10.6%。造成这种现象的主要原因是世界各国受到美国的影响均出现了通货膨胀的情况，全球经济衰退，导致我国的进出口量出现下降。

供给冲击主要表现在：由于受到新冠疫情和逆全球化浪潮冲击，全球价值链出现阻滞情况，煤炭、石油等上游产品以及芯片等中间产品供给不足，芯片、高端装备等领域被"卡脖子"还将持续一段时间。2021 年，中国进口芯片金额高达 4400 亿美元，芯片超过石油成为我国第一大进口产品。

预期转弱主要表现在：一方面，居民消费倾向下降、储蓄倾向提升，两者之间的差距逐渐拉大；另一方面，企业特别是中下游企业由于面临上游价格上涨和终端需求不足的双重挤压，经营压力上升，继续扩大投资意愿不足。

（三）经济运行有望总体回升

优化疫情防控措施、存量政策和增量政策叠加发力，将给经济恢复发展带来重大积极影响。IMF 等国际组织预测，2023 年全球经济大概率将陷入衰退，而中国经济有望成为全球经济中的一抹亮色。经过 2022 年的低谷，中国经济将实现至少 5% 并有望超过 6% 的高增长，再次成为全球经济增长龙头。《世界银行发展报告》综合分析 2023 年经济前景时指出，如果最坏的情况发生，2023 年全球经济增长将只有 0.5%。两相对比，我国经济韧性强、潜力大、活力足，长期向好的基本面没有变。各项政策效果持续显现，经济运行有望总体回升。

科技水平显著提高。中国研发投入快速增长。2022 年，我国全社会研究与试验发展（R&D）经费规模达到 30870 亿元，占 GDP 比重提升至 2.55%，已接近经合组织（OECD）国家的平均水平。大规模研发投入推动我国产业技术总体水平持续提升，实现科技自立自强的条件和能力显著提升，传统产业的技术水平和竞争能力已经进入跟跑（学习跟进）、并跑（同等水平）和领跑（水平领先）并重的发展阶段，而且并跑领跑的比重持续上升。

超大规模经济体优势。市场是稀缺资源，大国市场更是全球性稀缺资源。从消费看，我国是全球第二大消费市场和第一大网络零售市场。我国最终消费率和居民消费率仍然都明显低于世界平均水平。随着收入继续增加、城镇化水平持续提升和中等收入人数不断增加，消费比重提升和规模扩张仍有很大空间。

从生产看，我国制造业规模全球第一，产业门类齐全，产业链相对完整，分工体系效率较高，应对全球经济波动和不测事件的弹性和韧性较强，具有较强的国际竞争力。这些年，美国和日本制造业在经济中的比重持续下跌。2021 年，美国制造业增加值只有 2.3 万亿美元，位居全球第二；日本制造业增加值更是只有 0.98 万亿美元。而中国制造业增加值超过 4.8 万亿美元，比美国和日本的总和还要高，制造业成为我国经济基石。

我国人力资本仍然具有综合竞争力。虽然劳动力成本持续上升，但我国劳动力质量也显著提升，2021 年，全国劳动年龄人口平均受教育年限达到 10.9 年，新增劳动力平均受教育年限达到 13.8 年，高等教育毛入学率增至 57.8%。综合考虑数量、成本和质量，我国人力资本在中高端产品和服务中仍然有较强竞争力。

从数量看，根据第七次全国人口普查公报，我国劳动年龄人口规模超过 8.9 亿人，占总人口比重达到 63.4%，其中高中及以上学历人口占比超过 30%，我国的"人口红利"仍有较大的发展潜力。从质量看，

《中国科技人力资源发展研究报告（2020）》显示，2020 年我国科技人力资源总量超过 1.1 亿人，居世界首位，而且结构不断优化，"人口红利"叠加"人才红利"，展示出更有竞争力的人力资源优势。特别是人才强国战略的实施，为人才引领驱动创造了良好的生态环境，有助于形成人才国际竞争的比较优势，加速建设世界重要人才中心和创新高地。从区域看，京津冀、长三角、大湾区、成渝圈等各类生产要素特别是创新要素快速集聚，成为推动高质量发展的动力源和引擎。

二、坚持稳中求进，形成发展合力

做好经济工作要在以习近平同志为核心的党中央坚强领导下，以习近平新时代中国特色社会主义思想为指导，全面贯彻落实党的二十大精神，按照中央经济工作会议部署，扎实推进中国式现代化，坚持稳中求进工作总基调，完整、准确、全面贯彻新发展理念，加快构建新发展格局，着力推动高质量发展，更好统筹国内国际两个大局，更好统筹疫情防控和经济社会发展，更好统筹发展和安全，全面深化改革开放，大力提振市场信心，把实施扩大内需战略同深化供给侧结构性改革有机结合起来，突出做好稳增长、稳就业、稳物价工作，有效防范化解重大风险，推动经济运行整体好转，实现质的有效提升和量的合理增长，持续改善民生，保持社会大局稳定，为全面建设社会主义现代化国家开好局起好步。

（一）坚持稳中求进工作总基调

要坚持稳字当头、稳中求进，保持政策连续性针对性，加强各类政策协调配合，形成共促高质量发展合力。坚持稳中求进是我们党治国理政的重要原则，也是做好经济工作的方法论。从我国发展阶段来看，"稳"的重要性不言而喻。2021 年世界人均 GDP 是 1.21 万美元左右，中国是 1.25 万美元，已经超过世界人均 GDP 水平，接近世界银行的高收入国家门槛。这一阶段经济发展的一个特征就是增速放缓，同时经济社会发展中也会面临不少风险挑战，从这个规律上来看，稳定经济尤为关键。"稳增长、稳就业、稳物价"，稳增长被置于更突出位置。

（二）坚持以高质量发展为主题

强调提高发展质量，是因为进入新发展阶段，资本、劳动等要素条件和边际产出发生改变，也就是生产函数发生变化，加之资源环境的硬约束持续强化，已经不可能像高速增长阶段那样主要依靠要素投入驱动经济增长，必须提高生产率，才能对冲劳动力成本上升，稳定投资边际产出，提高企业盈利水平，缓解资源环境压力，减缓积累的风险冲击。

高质量发展的重要任务是提高全要素生产率，努力使全要素生产率对经济增长贡献追赶上发达国家水平。改革开放后，我们创造了经济快速发展的奇迹，进入新发展阶段，我们还要创造经济质量提升的奇迹。党的二十大报告提出，到 2035 年人均国内生产总值达到中等发达国家的水平。从国际比较来看，要上三个台阶：第一，人均收入 1.32 万美元成为高收入国家；第二，人均收入 2 万美元进入发达国家行列；第三，人均收入 3 万—4 万美元，平均 3.5 万美元，达到中等发达国家的人均收入水平。这就需要保持较长时期的中等偏高增长速度，立足新的发展条件，谋求更高质量的发展。党的二十大报告明确指出，高质量发展是全面建设社会主义现代化国家的首要任务，强调要坚持以推动高质量发展为主题，着力提高全要素生产率，着力提升产业链供应链韧性和安全水平，着力推进城乡融合和区域协调发展，推动经济实现质的有效提升和量的合理增长。深入理解这"三个着力"，对于在新形势下科学把握推动高质量发展的着力点，推动高质量发展取得新突破，具有十分重要的意义。

1. 着力提高全要素生产率

经济增长一方面取决于要素投入，另一方面取决于全要素生产率的提升，这是经济增长的两个源泉。经济增长总额中，扣除要素投入贡献后的"余值"部分，就是全要素生产率的贡献。提高全要素生产率，既是推动高质量发展的重要途径，也是检验高质量发展最重要的指标之一。从国际比较看，我国全要素生产率与发达国家的差距仍然较大。根据美国宾州大学数据库，2008年国际金融危机后，我国全要素生产率与美国的比值大体稳定在40%左右。日本和韩国在高增速阶段结束后，全要素生产率分别达到美国80%和60%的水平。

提高全要素生产率必须增强原始创新能力。按照2022年世界知识产权组织公布的各国创新指数排名，中国位列世界第11，是前30位中唯一的新兴市场经济体。党的二十大报告提出，2035年我国要进入创新型国家前列，如果将创新型国家前列界定为创新指数前5位的国家，这就意味着中国研发强度要达到前5位水平，而且在关键核心技术上要实现原创性、引领性突破。健全鼓励支持基础研究、原始创新的体制机制，营造有利于提升原始创新能力的良好环境，以基础研究带动引领性、原创性技术供给，努力实现更多"从0到1"的突破，在更多领域跻身世界领先行列。

2.着力提升产业链供应链韧性和安全水平

产业链供应链是经济循环畅通的关键。产业链供应链环环相扣，其安全单靠某个环节的强势地位无法实现。我国产业链供应链尚存在部分领域核心基础零部件、关键技术和设备、关键基础材料严重依赖进口，质量技术基础不完善、共性技术创新体系缺失等问题，造成我国对产业链供应链关键环节掌控力较弱，局部受阻或断裂的风险较大。

可以从三个层面理解产业链供应链安全。国家层面，意味着关键生产环节的自主可控。产业层面，意味着战略支柱产业的核心竞争力。面临全球产业链供应链重构时，通过产业链升级和产业超前布局，才能避免对本国市场的技术封锁和市场打压。企业层面，意味着核心企业的抗风险韧性。产业链条中关键环节的企业应具备足够的抵御和抗衡能力。

因此，提升产业链供应链韧性和安全水平，必须加快建设现代化经济体系。改造升级传统产业，巩固发展优势产业，培育壮大新兴产业，前瞻布局未来产业。着力补短板、锻长板、强基础；提升重点产业链供应链自主可控能力促进全产业链发展。

3.着力推进城乡融合和区域协调发展

着力推进城乡融合和区域协调发展，促进形成要素流动畅通的城乡融合发展格局，构建优势互补、高质量发展的区域经济布局和国土空间体系，是推动高质量发展的重要途径。城乡融合发展是解决城乡发展不平衡、农村发展不充分问题的内在要求。加快城乡要素市场一体化，让城乡之间要素双向流动、公共资源均衡配置、基础设施一体化发展，促进农村经济发展和农民持续增收，形成城乡融合、共同繁荣的新型城乡关系。

当前农业农村的内涵和外延都已发生了很大变化。农业不是简单的"一次产业"，是一二三产业的联动。乡村成为三次产业多元共生，农、商、文、健、旅、体、科融合发展的空间。全面推进乡村振兴应从空间维度寻找新方向，促使乡村由内部闭环空间向城乡共生空间演进，形成畅通城乡经济循环和国内统一大市场格局。

（三）各类政策形成共促高质量发展合力

要坚持稳字当头、稳中求进，保持政策连续性针对性，加强各类政策协调配合，形成共促高质量发展合力。积极的财政政策要加力提效，稳健的货币政策要精准有力，产业政策要发展和安全并举，科技政策要聚焦自立自强，社会政策要兜牢民生底线。

1. 积极的财政政策要加力提效

加力是要适当加大财政政策扩张力度，统筹财政收入、财政赤字、专项债券、调度资金等，保持必要的财政支出强度；合理安排赤字率和地方政府专项债券规模，确保政府投资力度不减；持续增加中央对地方转移支付。提效是要提高财政资金使用效能，在优化财政支出上再下功夫，更直接、更有效发挥积极财政政策作用。主要体现在：完善减税退税降费政策；进一步优化财政支出结构，支持补短板、强弱项、固底板、扬优势；更好发挥财政资金引导与撬动作用；完善财政资金直达机制，深化预算绩效管理。

财政温和扩张，赤字规模小幅增加。政府工作报告要求积极的财政政策要加力提效，与2022年中央经济工作会议的要求一致。拟安排3%的赤字率，较2022年的2.8%小幅提升，赤字规模3.88万亿元，比2022年增加5100亿元。随着经济逐渐复苏，高强度支出对冲经济下行的必要性也在降低，财政收支压力将有所缓解。

减税降费维持总量，优化结构。政府工作报告提出"完善税费优惠政策，对现行减税降费、退税缓税等措施，该延续的延续，该优化的优化"。过去 5 年我国减税降费已经取得明显成效，税收收入占 GDP 的比重从 2016 年的 17.5% 降至 2022 年的 13.8%。2023 年减税降费规模将维持基本稳定，重在优化结构。

2. 稳健的货币政策要精准有力

货币政策的着眼点是"总量要够、结构要准"。总量要够就是货币政策力度不能小于 2022 年，需要的话还要进一步加力。要保持流动性合理充裕，保持广义货币供应量和社会融资规模增速。结构要准就是要持续加大对普惠小微、科技创新、绿色发展、基础设施等重点领域和薄弱环节的支持力度，要继续落实好一系列结构性货币政策。信贷政策强调支持科技型、专精特新中小企业，推动信贷成本进一步下降。

3. 产业政策要发展和安全并举

中央经济工作会议要求"优化产业政策实施方式，狠抓传统产业改造升级和战略性新兴产业培育壮大，着力补强产业链薄弱环节，在落实碳达峰碳中和目标任务过程中锻造新的产业竞争优势"。要在新能源、人工智能、生物制造、绿色低碳、量子计算等前沿技术研发、应用推广方面加快发展速度，让这些新技术新产业赛道快速成长。以新能源汽车为例，据国际能源署统计，2021 年新能源汽车全球产量为 660 万辆，我国生产超过了 350 万辆，占比超过 50%。

4. 科技政策要聚焦自立自强

要强化教育、科技、人才的基础性、战略性支撑，要遵循科学和技术发展规律，深化科技管理体制改革，加快实现高水平科技自立自强，发挥好政府在关键核心技术攻关中的组织作用，同时要突出企业科技创新的主体地位,利用市场优势来培育自主创新能力。

建立有利于原始创新的评价制度。2020年,科技部、国家发展改革委、教育部、中科院和自然科学基金委等五部门联合制定并印发《加强"从0到1"基础研究工作方案》,提出建立有利于原始创新的评价制度。基础研究项目重点评价新发现、新原理、新方法、新规律的原创性和科学价值。习近平总书记在中共中央政治局第三次集体学习时指出,"要完善基础研究人才差异化评价和长周期支持机制","构建符合基础研究规律和人才成长规律的评价体系"。[①]

优化科技支出结构,强化国家战略科技力量。国家实验室、国家科研机构、高水平研究型大学、科技领军企业都是国家战略科技力量的重要组成部分,财政要进一步做好保障工作,通过深化改革释放红利。瞄准人工智能、量子信息、集成电路、先进制造等前沿领域,前瞻部署一批战略性、储备性技术研发项目,瞄准未来科技和产业发展的制高点,提高科技创新协同能力。

5.社会政策要兜牢民生底线

要把促进青年就业放在重要位置,特别是要把高校毕业生就业工作摆在更加突出的位置。受疫情等因素影响,青年人及服务业较为集中的大城市调查失业率明显走高。2022年,全国16—24岁人口城镇调查失业率平均为17.6%,比上年增加3.3个百分点,相较2020年上升了3.4个百分点。要及时有效缓解结构性物价上涨给困难群众带来的影响。要稳妥推进养老保险全国统筹,推动优质医疗资源扩容下沉和区域均衡布局,特别要增加农村和欠发达地区的医疗资源。

---

① 《切实加强基础研究 夯实科技自立自强根基》,《人民日报》2023年2月23日。

三、提振发展信心，着力扩大内需

实现经济发展主要预期目标，要以新气象新作为推动高质量发展取得新成效。坚持真抓实干，激发全社会干事创业活力，让干部敢为、地方敢闯、企业敢干、群众敢首创。

（一）着力扩大国内需求

推动经济运行全面好转，当务之急是着力扩大内需。把恢复和扩大消费摆在优先位置。政府工作报告中，2023 年重点工作的第一条就是着力扩大国内需求。促消费、稳投资是关键重点。《扩大内需战略规划纲要（2022—2035 年)》和《"十四五"扩大内需战略实施方案》两份纲领性文件发布，从全面促进消费、优化投资结构、推动城乡区域协调发展等多方面作出部署。

促消费方面，主要是提高居民收入和改善消费场景。政府工作报告提出"多渠道增加城乡居民收入""提高消费能力、改善消费条件、创新消费场景"。稳投资方面，积极扩大有效投资，2023 年拟安排中央预算内投资 6800 亿元，较 2022 年增加 400 亿元；方向上聚焦国家重大发展战略，重点向粮食安全、能源安全、产业链供应链安全、国家安全以及民生等领域倾斜。进一步调动民间投资积极性，增强投资增长内生动力。健全投资项目融资机制，依法合规加强重大项目资金保障。

（二）建设现代化产业体系

无论是提升创新能力还是实现科技自立自强，都需要一个完整的、自主可控的产业体系作为依托。要实施产业基础再造工程和重大技术装备攻关工程，支持专精特新企业发展，推动制造业高端化、智能化、绿色化发展。巩固优势产业领先地位，在关系安全发展的领域加快补齐短板，提升战略性资源供应保障能力。推动战略性新兴产业融合集群发展，构建新一代信息技术、人工智能、生物技术、新能源、新材料、高端装备、绿色环保等一批新的增长引擎。构建优质高效的服务业新体系，推动现代服务业同先进制造业、现代农业深度融合。加快发展物联网，建设高效顺畅的流通体系，降低物流成本。加快发展数字经济，促进数字经济和实体经济深度融合，打造具有国际竞争力的数字产业集群。优化基础设施布局、结构、功能和系统集成，构建现代化基础设施体系。

1. 坚持把发展经济的着力点放在实体经济上

党的十九大报告明确指出，建设现代化经济体系，必须把发展经济的着力点放在实体经济上，把提高供给体系质量作为主攻方向，显著增强我国经济质量优势。党的二十大报告坚持把发展经济的着力点放在实体经济上，具有重大战略意义。虽然第四次工业革命进入数字化，但人类社会仍然处于工业文明时代，工业文明时代的核心是制造业。向内来看，我国经济是靠实体经济起家的。制造业是实体经济的关键部门。我国是全世界唯一拥有联合国产业分类中全部工业门类的国家，制造业规模连续 13 年居世界首位。向外观察，实体经济的重要性日益凸显。正如习近平总书记所指出的："不论经济发展到什么时候，实体经济都是我国经济发展、我们在国际经济竞争中赢得主动的根基。"① 我们要靠实体经济走向未来。

---

① 习近平：《论把握新发展阶段、贯彻新发展理念、构建新发展格局》，中央文献出版社 2021 年版，第 142—143 页。

2. 加快发展数字经济

党的二十大报告指出，加快发展数字经济，促进数字经济和实体经济深度融合，打造具有国际竞争力的数字产业集群。"十四五"规划和2035年远景目标纲要明确提出加快数字化发展，建设数字中国。

根据《中国数字经济发展报告（2022年）》，我国数字经济规模已超45万亿元，连续多年位居世界第二，增速位居世界第一。到2025年，我国数字经济规模有望突破80万亿元，到2030年突破100万亿元。因此，数据要素的价值将被深入挖掘。从社会发展史看，人类经历了农业革命、工业革命，正在经历信息革命。信息革命带来了生产力发展的一次"质的飞跃"，而这次"飞跃"，主要特征之一就是数据要素带来的变革性影响。与其他生产要素相比，数据具有可复制、非消耗、边际成本接近于零等新特性，打破了自然资源有限供给对增长的制约，能够为经济转型升级提供不竭动力。同时，数据对其他生产要素具有放大、叠加、倍增作用，可以推动资源快捷流动、市场主体加速融合，提升经济社会各领域资源配置效能。要构建数据基础制度体系，明确数据产权、流通、分配、治理等规则规范，解决数据谁能用、怎么用等关键问题，推动数据要素市场规范化、制度化建设，促进数据合规高效流通使用，提升数据要素市场化配置效率，激活数据要素价值。

（三）切实落实"两个毫不动摇"

在深化国资国企改革，提高国企核心竞争力的同时，要支持和引导民营经济发展，领导干部要为民营企业办实事、解难题，构建亲清政商关系，要推动经济发展在法治轨道上运行，恪守契约精神，依法保护民营企业产权和企业家权益，促进民营经济发展壮大。

　　提升国有企业核心竞争力。党的二十大报告对国有企业提出了提高企业核心竞争力，加快建设世界一流企业的要求，这为国有企业在现代化新征程中指明了高质量发展的目标和方向。国有企业高质量发展，最终体现为企业核心竞争力的提高，体现为一批产品卓越、品牌卓著、创新领先、治理现代的世界一流企业的培育和形成。

　　促进民营经济发展壮大。要从制度和法律上把对国企民企平等对待的要求落下来，从政策和舆论上鼓励支持民营经济和民营企业发展壮大。2012年至今，民营经济的国内生产总值占比从50%上升至60%以上，税收贡献超过50%，技术创新和新产品研发占比超过70%，城镇劳动就业岗位贡献超过80%。促进民营经济发展壮大，要在产权和企业家权益保护、市场准入和市场竞争等经济活动全域全链中，对国企和民企一视同仁，特别要扩大外资企业和民营企业的市场准入，推动教育、医疗、养老等领域扩大对民营和外资开放。鼓励和吸引民间资本参与国家重大项目建设。

（四）更大力度吸引和利用外资

　　依托我国超大规模市场优势，以国内大循环吸引全球资源要素，增强国内国际两个市场两种资源联动效应，提升贸易投资合作质量和水平。合理缩减外资准入负面清单，依法保护外商投资权益，营造市场化、法治化、国际化一流营商环境。推动共建"一带一路"高质量发展。扎实做好吸引和利用外资工作，首先是要牢牢抓住改善营商环境这个"牛鼻子"，主动对标高标准国际经贸规则，稳步扩大规则、规制、管理、标准等制度型开放，深化国内相关领域的改革。

　　以自贸区战略引领高水平制度型开放。习近平总书记在第五届中国国际进口博览会开幕式上指出："中国将推动各国各方共享制度型开放机遇，稳步扩大规则、规制、管理、标准等制度型开放，实施好新版《鼓励外商投资产业目录》，深化国家服务业扩大开放综合示范区建设；实施自由贸易试验区提升战略，加快建设海南自由贸易港，发挥好改革开放综合试验平台作用。"①推动制度性开放，一方面是国际规则国内化。密切跟踪国际经贸规则的高标准演进新趋势，不断根据国际规则调整国内经济的政策和法律，系统推进与国际贸易投资规则相衔接的体制机制。另一方面是国内规则国际化。中国应积极参与全球治理，提高规则变革中的话语权。将符合自身发展要求的国内经验和规则上升为国际规则。

（五）有效防范化解重大经济金融风险

习近平总书记指出："推动创新发展、协调发展、绿色发展、开放发展、共享发展，前提都是国家安全、社会稳定。没有安全和稳定，一切都无从谈起。"②统筹发展和安全要防范化解重大风险，目前重大风险主要集中在金融、房地产、地方政府债务领域。房地产、地方政府、城投平台债务等各类风险交织，最终都反映为金融风险。防范化解金融风险要坚持底线思维，完善监管，压实各方责任，防止形成区域性、系统性金融风险；防范化解房地产风险重在保优质头部房企，促进行业平稳发展，改善资产负债状况，防止无序扩张。防范化解地方政府债务风险要遏制增量、化解存量。坚持高压监管，坚决遏制隐性债务增量，妥善化解存量，逐步实现地方政府债务按统一规则合并监管。

---

① 习近平：《共创开放繁荣的美好未来——在第五届中国国际进口博览会开幕式上的致辞》，《人民日报》2022年11月5日。
② 《习近平谈治国理政》第二卷，外文出版社2017年版，第222页。

第一章
坚持以推动高质量发展为主题

高质量发展，是以习近平同志为核心的党中央根据我国经济进入新发展阶段所面临严峻复杂形势和新的发展要求而作出的重大抉择，是新时代中国发展的鲜明主题，关乎中国式现代化能否如期实现。党的二十大报告指出，高质量发展是全面建设社会主义现代化国家的首要任务。发展是党执政兴国的第一要务。没有坚实的物质技术基础，就不可能全面建成社会主义现代化强国。坚持以推动高质量发展为主题，把实施扩大内需战略同深化供给侧结构性改革有机结合起来，增强国内大循环内生动力和可靠性，提升国际循环质量和水平，加快建设现代化经济体系，着力提高全要素生产率，着力提升产业链供应链韧性和安全水平，着力推进城乡融合和区域协调发展，推动经济实现质的有效提升和量的合理增长。学懂弄通这一重大理论和实践问题具有重大的现实意义。

一、推动高质量发展的必然性

推动高质量发展，是保持经济持续健康发展的必然要求，是适应我国社会主要矛盾变化，解决发展不平衡不充分问题、全面建设社会主义现代化国家的必然要求，是遵循经济规律发展的必然要求。2023年3月5日，习近平总书记在参加十四届全国人大一次会议江苏代表团审议时强调，高质量发展是全面建设社会主义现代化国家的首要任务。必须完整、准确、全面贯彻新发展理念，始终以创新、协调、绿色、开放、共享的内在统一来把握发展、衡量发展、推动发展；必须更好统筹质的有效提升和量的合理增长，始终坚持质量第一、效益优先，大力增强质量意识，视质量为生命，以高质量为追求；必须坚定不移深化改革开放、深入转变发展方式，以效率变革、动力变革促进质量变革，加快形成可持续的高质量发展体制机制；必须以满足人民日益增长的美好生活需要为出发点和落脚点，把发展成果不断转化为生活品质，不断增强人民群众的获得感、幸福感、安全感。①

（一）历史逻辑：由高增长阶段转向高质量发展阶段是保持经济持续健康发展的必然要求

改革开放以来，我国经济长期保持着高速增长，GDP 年平均增长率超过 9%，GDP 总量 2010 年超过日本成为世界第二大经济体，并稳居世界第二。2021 年，我国 GDP 总量占全球 GDP 总量达到 18% 左右，创造了世界瞩目的经济高速增长奇迹。我国具有全球最完整、规模最大的工业体系，以及强大的生产能力、完整的配套能力，拥有 1 亿多市场主体和 1.7 亿多受过高等教育或拥有各类专业技能的人才，还有包括 4 亿多中等收入群体在内的 14 亿多人口所形成的超大规模内需市场。然而，在经济发展新常态下，盲目追求经济增

① 《牢牢把握高质量发展这个首要任务》，《人民日报》2023 年 3 月 6 日。

长速度不可持续。粗放型经济发展方式曾经在我国发挥了很大作用，大兵团作战加快了我国经济发展步伐，但现在再按照过去那种粗放型发展方式来做，不仅国内条件不支持，国际条件也不支持，是不可持续的，不抓紧转变，总有一天会走进死胡同。①随着近年来劳动年龄人口持续减少，人口数量红利逐渐消失，土地、资源供需形势发生变化，生态环境硬约束不断强化，经济循环不畅问题突出。同时，世界新一轮科技革命和产业变革方兴未艾，多点突破。我国潜在经济增长率已经发生变化，支撑经济发展的主要驱动力已由生产要素高强度投入转向提高生产效率，创新驱动是大势所趋。而制约我国经济持续发展的瓶颈主要是创新能力不足，必须把发展基点放在创新上，依靠创新推动经济发展的质量变革、效率变革、动力变革，不断增强我国经济创新力和竞争力。只有推动高质量发展，才能适应科技新变化、人民新需要，形成优质高效多样化的供给体系，提供更多优质产品和服务，在需求牵引供给、供给创造需求的更高水平动态平衡中，推动国民经济体系整体效能不断提高。

（二）实践逻辑：由高增长阶段转向高质量发展阶段是适应我国社会主要矛盾变化和全面建设社会主义现代化国家的必然要求

改革开放 40 多年，我国生产力水平和由生产力水平决定的经济社会发展已经达到新的高度，但发展不平衡不充分的问题还相当突出，人民日益增长的需要不仅在质和量上都进入了新层次，而且在内涵上大大扩展，从物质文化的需要扩展到民主、法治、公平、正义、安全、环境等更高层次和更宽领域。我国社会主要矛盾已经转化为人民日益

---

① 《习近平谈治国理政》第二卷，外文出版社 2017 年版，第 239—240 页。

增长的美好生活需要和不平衡不充分的发展之间的矛盾，由此标志着我国经济发展阶段也发生历史性变化。不平衡不充分的发展就是发展质量不高的表现。解决我国社会的主要矛盾，必须推动高质量发展。对此，习近平总书记指出："推动经济发展，要更加注重提高发展质量和效益。衡量发展质量和效益，就是投资有回报、产品有市场、企业有利润、员工有收入、政府有税收、环境有改善，这才是我们要的发展。合理的经济增长速度是要的，但抓经济工作、检验经济工作成效，要从过去主要看增长速度有多快转变为主要看质量和效益有多好。"① 未来 5 年是全面建设社会主义现代化国家开局起步的关键时期，搞好这 5 年的发展对于实现第二个百年奋斗目标至关重要。要紧紧抓住解决不平衡不充分的发展问题，着力在补短板、强弱项、固底板、扬优势上下功夫，研究提出解决问题的新思路、新举措。我们要重视量的发展，但更要重视解决质的问题，在质的大幅提升中实现量的有效增长。

（三）理论逻辑：由高增长阶段转向高质量发展阶段是遵循经济规律发展的必然要求

发展是一个螺旋式上升的过程，上升不是线性的，量积累到一定阶段，必须转向质的提升，我国经济发展要遵循这一规律。事物发展特别是经济发展，往往都要经历一个从量变到质变的过程。实现从量变到质变，从高速增长成功转向高质量发展的国家，才能实现现代化，成为高收入经济体。发达国家经验表明，先行工业化国家在工业化早期阶段都是依靠劳动、资本要素投入实现数量型增长，到了工业化后期经济增长方式逐步转向依赖技术进步或创新、知识和人力资本

---

① 《习近平谈治国理政》第二卷，外文出版社 2017 年版，第 242 页。

积累的集约型经济增长，成功追赶型经济体则经历了高速增长阶段到调整结构的中高速转换阶段再到经济稳定增长的成熟阶段的转换，实现了由数量型增长向质量型增长的飞跃，可见由数量型增长阶段转变为质量型增长阶段是经济发展的一般规律。20 世纪 60 年代以来，全球 100 多个中等收入经济体中只有十几个成功进入高收入经济体。那些取得成功的国家，就是在经历高速增长阶段后实现了经济发展从量的扩张转向质的提高。而那些徘徊不前甚至倒退的国家，就是没有实现这种根本性转变。因此，推动高质量发展，是我们当前和今后一个时期确定发展思路、制定经济政策、实施宏观调控的根本要求。

二、高质量发展的科学内涵和内在要求

（一）高质量发展的科学内涵

2017 年中央经济工作会议上习近平总书记对高质量发展进行了全面深入论述。习近平总书记指出："高质量发展，就是能够很好满足人民日益增长的美好生活需要的发展，是体现新发展理念的发展，是创新成为第一动力、协调成为内生特点、绿色成为普遍形态、开放成为必由之路、共享成为根本目的的发展。……更明确地说，高质量发展，就是从'有没有'转向'好不好'。"① 习近平总书记给出的高质量发展的定义中，既从需求侧指出了高质量发展的内在要求，也从供给侧点明了高质量发展的实现路径。2021 年 3 月 7 日，习近平总书记在参加十三届全国人大四次会议青海代表团审议时强调："高

---

① 《习近平谈治国理政》第三卷，外文出版社 2020 年版，第 238—239 页。

质量发展不只是一个经济要求，而是对经济社会发展方方面面的总要求；不是只对经济发达地区的要求，而是所有地区发展都必须贯彻的要求；不是一时一事的要求，而是必须长期坚持的要求。各地区要结合实际情况，因地制宜、扬长补短，走出适合本地区实际的高质量发展之路。"①

（二）高质量发展的内在要求

为了更准确地把握高质量发展实践要求，习近平总书记基于新发展理念，运用马克思主义政治经济学基本原理进一步对高质量发展的特征和内在要求进行了阐述，概括起来主要包括以下六个方面。

第一，高质量发展，是完整准确全面贯彻新发展理念的发展。党的十八届五中全会提出要树立和坚持创新、协调、绿色、开放、共享的发展理念。这五大发展理念，是在深刻总结国内外发展经验教训、深入分析国内外发展大势的基础上提出来的，是针对我国经济发展进入新常态、世界经济复苏低迷开出的药方；是针对我国发展中的突出矛盾和问题提出来的，集中反映了我们党对经济社会发展规律认识的深化。发展理念是发展行动的先导，是发展思路、发展方向、发展着力点的集中体现。新发展理念是推动高质量发展的理念引领。习近平总书记强调，"全党同志要把思想和行动统一到新的发展理念上来，崇尚创新、注重协调、倡导绿色、厚植开放、推进共享，努力提高统筹贯彻新的发展理念能力和水平"②。只有完整准确全面贯彻新发展理

---

① 习近平：《论把握新发展阶段、贯彻新发展理念、构建新发展格局》，中央文献出版社 2021 年版，第 533 页。

② 中共中央文献研究室编：《习近平关于社会主义经济建设论述摘编》，中央文献出版社 2017 年版，第 32 页。

念，才能推动高质量发展。创新、协调、绿色、开放、共享的发展理念，是不可分割的整体，相互联系、相互贯通、相互促进，要一体坚持、一体贯彻，不能顾此失彼，也不能相互替代。"新发展理念五大方面既有各自内涵，更是一个整体。要树立全面的观念，克服单打一思想，不能只顾一点不及其余。"① 推动高质量发展，不是不要发展速度，而是要更重视发展质量。党的二十大报告明确指出，2035 年我国人均国内生产总值迈上新的大台阶，达到中等发达国家水平；居民人均可支配收入再上新台阶；全体人民共同富裕取得更为明显的实质性进展。这些总体目标的实现需要一定的发展速度来保障。但发展质量已成为时代主题，稳定经济增长，质量是应有之义。

第二，高质量发展，是高质量供给和高质量需求动态平衡的发展。从供给看，高质量发展应该具有比较完备的产业体系，网络化智能化的生产组织方式，强大的创新力、品牌影响力、核心竞争力以及发现和捕捉需求的能力，生产的产品和提供的服务质量高。从需求看，高质量发展应该不断满足人民群众个性化、多样化、不断升级的需求，这种需求又引领供给体系和结构的变化，供给变革又不断催生新的需求。因此，推动高质量发展，要搞好统筹扩大内需和深化供给侧结构性改革，形成需求牵引供给、供给创造需求的更高水平动态平衡，实现国民经济良性循环。

第三，高质量发展，是投入产出效益最大化的发展。高质量发展的重要标志是不断提高劳动、资本、土地、资源、环境等要素的投入产出效率，不断提升科技进步贡献率，不断提高全要素生产率。习近平总书记指出："经济发展就是要提高资源尤其是稀缺资源的配

---

① 习近平：《论把握新发展阶段、贯彻新发展理念、构建新发展格局》，中央文献出版社 2021 年版，第 334 页。

置效率，以尽可能少的资源投入生产尽可能多的产品、获得尽可能大的效益。"① 在人口红利逐步消退的同时，进一步发挥人才红利，提高劳动生产率；提高土地、矿产、能源资源的集约利用程度，增强发展的可持续性；最终实现全要素生产率的提升，充分发挥市场配置资源的决定性作用，完善产权制度，理顺价格机制，减少配置扭曲，打破资源由低效部门向高效部门配置的障碍，提高资源配置效率。

第四，高质量发展，是经济循环通畅运行平稳的发展。经济循环是生产、分配、流通与消费，虚拟与实体，国内和国外互动与周转的总过程。提高循环质量，是实现生产要素高效配置的途径。循环通畅，经济发展就具有可持续性。促进高质量的循环，就是要畅通供需匹配的渠道，畅通金融服务实体经济的渠道，逐步缓解经济运行当中存在的失衡，提高供给结构适应性和灵活性，使供给体系更好适应需求结构变化，实现从低水平供需平衡向高水平供需平衡的跃升。从宏观经济循环看，除了生产、分配、流通、消费循环通畅之外，高质量发展还体现在国民经济重大比例关系和空间布局合理，同时经济发展比较平稳，不出现大的起落。

第五，高质量发展，是分配科学合理的发展。分配本身是生产的产物，分配的结构完全取决于生产的结构。收入分配既是经济运行的结果，也是经济发展的动力，收入分配的质量好坏，直接反映经济结构的优劣，直接影响到发展质量、发展效率和发展动力，良好的收入分配质量对经济高质量发展产生积极的推动作用。投资有回报、企业有利润、员工有收入、政府有税收，讲的就是如何合理分配的问题。"治国之道，富民为始。"习近平总书记指出，"实现共同富裕不仅是

---

① 习近平：《论把握新发展阶段、贯彻新发展理念、构建新发展格局》，中央文献出版社 2021 年版，第 26 页。

经济问题，而且是关系党的执政基础的重大政治问题"①。共同富裕是全体人民共同富裕，不是少数人的富裕，也不是整齐划一的平均主义。实现全体人民共同富裕的宏伟目标，最终靠的是发展。必须紧紧抓住经济建设这个中心，把"蛋糕"做大做好，然后通过合理的制度安排正确处理好增长和分配的关系，把"蛋糕"切好分好。

第六，高质量发展是统筹国内国际两个大局、更加安全可靠的发展。安全稳定是发展的前提。在世界进入新的动荡变革期，国内改革发展稳定面临不少深层次矛盾躲不开、绕不过的大背景下，需要我们坚持底线思维，增强忧患意识，统筹中华民族伟大复兴战略全局和世界百年未有之大变局，正确处理国内循环与国际循环、自立自强与开放合作等关系，努力实现高质量发展与高水平安全良性互动。推动高质量发展，必须坚定不移贯彻总体国家安全观，把维护安全稳定贯穿发展各方面全过程，加快构建新发展格局，扎实提高战略性资源供应保障能力，不断增强产业链供应链韧性和自主可控能力，持续提升发展的安全保障水平。

三、推动高质量发展的着力点

加快构建新发展格局是推动高质量发展的战略基点。新发展格局的内涵十分丰富，最关键的有三点：经济循环畅通无阻是基础，实现高水平的自立自强是其最本质的特征，加快形成需求牵引供给，供给创造需求的高水平动态平衡是其最重要的目标。近年来，构建新发展

---

① 《习近平谈治国理政》第四卷，外文出版社 2022 年版，第 171 页。

格局扎实推进，取得了一些成效，思想共识不断凝聚、工作基础不断夯实、政策制度不断完善，但全面建成新发展格局还任重道远。要坚持问题导向和系统观念，着力破除制约加快构建新发展格局的主要矛盾和问题，全面深化改革，推进实践创新、制度创新，不断扬优势、补短板、强弱项。

（一）坚持党的全面领导和党中央集中统一领导，保证高质量发展的正确政治方向

经济社会发展与政治发展辩证统一于我国社会主义现代化建设全过程，社会主义与市场经济相结合是经济与政治的辩证统一的集中体现，这就要求我们必须充分发挥经济和政治两个方面的优势。各级领导干部既要"善于用政治眼光观察和分析经济社会问题，真抓实干把党中央决策部署贯彻到经济工作各方面"[1]，也要"增强政治意识，善于从讲政治的高度思考和推进经济社会发展工作，提高专业化水平，努力成为构建新发展格局的行家里手"[2]，"越是形势复杂、任务艰巨，越要坚持党的全面领导和党中央集中统一领导，越要把党中央关于贯彻新发展理念的要求落实到工作中去"[3]。完整、准确、全面贯彻新发展理念，是经济社会发展的工作要求，也是十分重要的政治要求。"只有站在政治高度看，对党中央的大政方针和决策部署才能领会更透彻，工作起来才能更有预见性和主动性。各级领导干部特别是高级干部要不断提高政治判断力、政治领悟力、政治执行力，对'国之大

---

[1] 《中央经济工作会议在北京举行》，《人民日报》2020年12月19日。

[2] 《分析研究二〇二一年经济工作　研究部署党风廉政建设和反腐败工作　审议〈中国共产党地方组织选举工作条例〉》，《人民日报》2020年12月12日。

[3] 习近平：《论把握新发展阶段、贯彻新发展理念、构建新发展格局》，中央文献出版社2021年版，第505页。

者'了然于胸，把贯彻党中央精神体现到谋划重大战略、制定重大政策、部署重大任务、推进重大工作的实践中去，经常对表对标，及时校准偏差。"① 坚持党的全面领导和党中央集体统一领导，就要加强党领导经济工作的制度化建设和科学化水平，还要提高领导的法治化水平、专业化能力和预期管理能力。

（二）坚持以人民为中心，将其作为推动高质量发展的出发点和落脚点

人民是我们党执政的最深厚基础和最大底气。为人民谋幸福、为民族谋复兴，这是我们党领导现代化建设推动高质量发展的出发点和落脚点。"只有坚持以人民为中心的发展思想，坚持发展为了人民、发展依靠人民、发展成果由人民共享，才会有正确的发展观、现代化观。"② 党的十八大以来，以习近平同志为核心的党中央把"人民对美好生活的向往"作为奋斗目标，提出"抓民生也是抓发展"的重要论断，彰显了坚持以人民为中心的发展思想和价值取向。创新发展是为了给人民群众创造更高水平、更有质量的生活，增进人民福祉，促进人的全面发展；协调发展是为了自觉主动解决地区差距、城乡差距、收入差距等问题，不断增强人民群众获得感、幸福感、安全感；绿色发展是为了让良好生态环境成为人民生活质量的增长点；开放发展是为了让人民群众在更大范围内、更高水平上分享经济全球化的巨大红利；共享发展是为了让中国社会的发展朝着共同富裕的方向稳步前进、使全体人民共同富裕取得更为明显的实质性进展。坚持实事求是，既尽

---

① 习近平：《论把握新发展阶段、贯彻新发展理念、构建新发展格局》，中央文献出版社 2021 年版，第 505 页。

② 《习近平谈治国理政》第四卷，外文出版社 2022 年版，第 171 页。

力而为又量力而行。高质量发展需要高素质劳动者，只有促进共同富裕，提高城乡居民收入，提升人力资本，才能提高全要素生产率，夯实高质量发展的动力基础。① 一要鼓励勤劳创新致富，坚持在发展中保障和改善民生，为人民提高受教育程度、增强发展能力创造更加普惠公平的条件，强化就业优先导向，畅通向上流动通道，给更多人创造致富机会，形成人人参与的发展环境。二要坚持基本经济制度，立足社会主义初级阶段，坚持"两个毫不动摇"，坚持公有制为主体、多种所有制经济共同发展，允许一部分人先富起来，先富带后富、帮后富，重点鼓励辛勤劳动、合法经营、敢于创业的致富带头人。三要建立科学的公共政策体系，形成人人享有的合理分配格局，同时统筹需要和可能，把保障和改善民生建立在经济发展和财力可持续的基础之上，重点加强基础性、普惠性、兜底性民生保障建设。四要正确处理效率和公平的关系，构建初次分配、再分配、三次分配协调配套的基础性制度安排，加大税收、社保、转移支付等调节力度并提高精准性，扩大中等收入群体比重，增加低收入群体收入，合理调节高收入，取缔非法收入，形成中间大、两头小的橄榄型分配结构，促进社会公平正义，促进人的全面发展，使全体人民朝着共同富裕目标扎实迈进。

（三）坚持问题导向，全面深化改革开放，为高质量发展提供动力源

问题导向是我们党一以贯之的务实品格。问题是实践的起点、创新的起点，问题是发展的源泉和动力。发现问题、研究问题、解决问

---

① 《习近平谈治国理政》第四卷，外文出版社 2022 年版，第 141 页。

题的能力和水平，是检验一个政党执政能力和政治定力的晴雨表、试金石。新发展理念不仅着眼于解决为什么发展的问题，更致力于解决如何发展的问题。最重要的是聚焦进入新发展阶段我们党执政和国家发展面临的重大理论和实践问题，善于具体问题具体分析，透过现象看本质，抓住主要矛盾和矛盾的主要方面，切实解决影响构建新发展格局、实现高质量发展的突出问题，切实解决影响人民群众生产生活的突出问题。切实解决好发展不平衡不充分的问题，真正实现高质量发展。

第一，科技自立自强是决定我国生存和发展的基础能力，要把科技自立自强作为国家发展的战略支撑。加快实现高水平科技自立自强，是推动高质量发展的必由之路。科技政策要聚焦自立自强。要有力统筹教育、科技、人才工作。布局实施一批国家重大科技项目，强化国家战略科技力量，完善新型举国体制，发挥好政府在关键核心技术攻关中的组织作用，突出企业科技创新主体地位，激发和保护企业家精神。提高人才自主培养质量和能力，加快引进高端人才。第二，要稳步推进农村土地制度改革，全面推进乡村振兴，完善财税体制推进城乡区域协调发展和以人为核心的新型城镇化，通过协调发展推动共享发展。第三，建立健全生态产品价值实现机制，推动绿色发展、持续改善生态环境；深化能源消费、供给、技术、体制改革，全国统筹、积极稳妥推进碳达峰碳中和工作，通过绿色发展修复和维系生态，让绿色成为发展的普遍形态。第四，积极参与全球经济治理体系改革，构建新型国际关系，扩大高水平开放、高质量共建"一带一路"，让开放合作之路越走越宽。

既要以新发展理念指导引领全面深化改革，又要通过深化改革为完整、准确、全面贯彻新发展理念提供体制机制保障。在构建新发展格局中，改革开放举措要更加精准务实。用改革的办法和创新的思维解决发展中的问题，坚决破除体制机制障碍。要坚持稳字当头、稳中求进，保持政策连续性针对性，加强各类政策协调配合，形成共促高质量发展合力。一是加快形成推动高质量发展的指标体系、政策体系、标准体系、统计体系、绩效评价、政绩考核办法。二是完善社会主义基本经济制度，坚持"两个毫不动摇"，构建统一大市场，完善产权制度和推进要素市场化配置改革，提升市场环境质量，激发各类市场主体活力和全社会的创造力。三是健全干部激励约束机制。把严格管理干部和热情关心干部结合起来，让广大干部安心、安身、安业，推动广大干部心情舒畅、充满信心，积极作为、敢于担当。推动形成能者上、优者奖、庸者下、劣者汰的正确导向，为改革者负责、为担当者担当，激发党员干部干事创业的热情和劲头。

（四）坚持系统观念，提高推动高质量发展的整体协同性

习近平总书记多次强调坚持系统观念。新发展理念是一个整体，坚持创新发展、协调发展、绿色发展、开放发展、共享发展，推动高质量发展，全党全国要统一思想、协调行动、开拓前进。无论是中央层面还是部门层面，无论是省级层面还是省以下各级层面，要把新发展理念贯彻到经济社会发展全过程和各领域。创新发展、协调发展、绿色发展、开放发展、共享发展，在工作中都要予以关注，使之协同发力、形成合力，不能畸轻畸重，不能以偏概全。坚持全国一盘棋，全面协调推动各领域工作和社会主义现代化建设。从中央层面来说，要从规划设计、宏观指导、政策法律、财政投入、工作安排等方面对全党全国作出指导，抓好关键环节，通过重点突破带动贯彻新发展理念整体水平提升，从全局上不断提高全党全国贯彻落实新发展理念的

能力和水平。要遵循经济社会发展规律，重大政策出台和调整要进行综合影响评估，不搞"急就章""一刀切"。各部门既要按照自身职责抓好新发展理念涉及本部门的重点工作，也要综合考虑本部门工作对全党全国贯彻新发展理念推动经济高质量发展的作用和影响。各地区要根据自身条件和可能，既全面贯彻新发展理念，又抓住短板弱项来重点推进，不能脱离实际硬干，更不要为了出政绩不顾条件什么都想干。不能简单要求各地区在经济发展上达到同一水平，而是要根据各地区的条件，走合理分工、优化发展的路子。要形成几个能够带动全国高质量发展的新动力源。不平衡是普遍的，要在发展中促进相对平衡。

坚持系统观念，需要辩证处理政府与市场的关系，稳中求进，做好宏观调控的逆周期和跨周期调节；立足自主创新和科技自立自强，加强开放合作；把以国内大循环为主体、国内国际双循环相互促进的新发展格局视为一体，不可顾此失彼；正确认识和把握资本的特性和行为规律，设置"红绿灯"，既要充分发挥资本的积极作用，又要防止资本野蛮生长；要实现"双碳"目标，必须立足国情，坚持稳中求进、先立后破，逐步实现，不能脱离实际、急于求成，搞运动式"降碳"、踩"急刹车"。

（五）坚持底线思维，统筹好发展与安全，为高质量发展提供重要保障

"于安思危，于治忧乱。"随着我国社会主要矛盾变化和国际力量对比深刻调整，未来一个时期外部环境中不稳定不确定因素较多，各种可以预见和难以预见的狂风暴雨、惊涛骇浪会迎面而来，面对需求收缩、供给冲击和预期转弱三重压力，更要统筹好发展与安全。安全和发展是一体之两翼、驱动之双轮。越是开放越要重视安全，统筹好

发展和安全两件大事，增强自身竞争能力、开放监管能力、风险防控能力。以往大环境相对平稳，我们同别人的互补性相对较多；现在世界形势动荡复杂，同别人的竞争性也多起来了，我们必须胸怀"两个大局"，增强机遇意识和风险意识，树立忧患意识，坚持底线思维，随时准备应对更加复杂更加困难的局势，下先手棋，打主动仗，在危机中育先机，于变局中开新局。越是接近目标，越需要保持忧患意识，增强斗争精神。坚持政治安全、人民安全、国家利益至上有机统一，统筹安全和发展。通过更加有效、更加务实的举措将新发展理念更加精准地落到实处，才能既打好防范和抵御风险的有准备之仗，又能稳中求进，打好化险为夷、转危为机的战略主动仗。既要敢于斗争，也要善于斗争，立足自我，全力办好自己的事情，全面做强自己，锲而不舍推动高质量发展。

第二章
加快发展数字经济

　　数字经济赋予了经济社会发展的"新动能"和"新优势",正在成为引领中国经济增长和社会发展的重要力量。在我国实现经济高质量发展、全面建设社会主义现代化国家的过程中,数字经济大有可为。习近平总书记指出:"当今时代,数字技术、数字经济是世界科技革命和产业变革的先机,是新一轮国际竞争重点领域,我们一定要抓住先机、抢占未来发展制高点。"① 党的二十大报告强调,加快发展数字经济,促进数字经济和实体经济深度融合,打造具有国际竞争力的数字产业集群。2022 年中央经济工作会议再次强调,要大力发展数字经济,提升常态化监管水平,支持平台企业在引领发展、创造就业、国际竞争中大显身手。由此可见,加快发展数字经济,实现数字经济和实体经济的深度融合是构筑国家新竞争优势,抓住科技革命和产业变革机遇的有力举措,也是新阶段新征程全面建设社会主义现代化国家,实现经济高质量发展的机会窗口。

---

① 《习近平谈治国理政》第四卷,外文出版社 2022 年版,第 206 页。

一、数字经济的内涵及特征

数字经济作为一种新型经济形态，其内涵随着经济社会的发展和人们认识的变化在不断丰富和发展。在早期，数字经济常被认为是互联网经济或者信息经济的代名词，随着数字技术的研发和应用，形成了将数据作为关键生产要素的认识。

（一）以数据作为核心生产要素

数据成为核心生产要素是数字经济与传统经济的本质区别。党的十九届四中全会通过的《中共中央关于坚持和完善中国特色社会主义制度　推进国家治理体系和治理能力现代化若干重大问题的决定》首次将数据列为新的生产要素，提出"健全劳动、资本、土地、知识、技术、管理、数据等生产要素由市场评价贡献、按贡献决定报酬的机制"。随着数字技术和相应商业模式的快速发展，数据逐渐成为关键生产要素，而相应的算法是加工数据的生产力工具，区块链又为数据增加了信任维度，提高了要素配置效率，依托数字技术实现更加高效的数据流动和数据网络，促使传统生产函数正在发生变化，经济发展的要素条件、组合方式、配置效率也正在发生改变，不断重构着生产关系。当前，工业数据、农业数据、金融数据、消费数据、产品数据、物流数据等的集合构成了大数据，成为数字经济时代的关键核心要素。数据的流动又带动了资金、技术、人才的流动，促使各种生产要素实现高效率整合和配置，打通生产、流通、消费、服务的各个环节。当数据要素进入生产函数以后，产出水平和生产率水平不断提升，规模经济和范围经济的作用范围不断扩大，从而赋能高质量发展。

（二）以新型基础设施为基石

生产要素需要一定的载体才能发挥作用，因此数据成为核心生产要素后也需要相应的载体才能连接赋能，新型基础设施作为数据要素的载体，是保障数据要素发挥功效的重要基石。新基础设施可以概括为"云、网、端"三部分。"云"是指云计算、大数据基础设施；"网"不仅包括原有的"互联网"，还拓展到"物联网"领域，网络承载能力不断提高、新增价值持续得到挖掘；"端"则是用户直接接触的个人电脑、移动设备、可穿戴设备、传感器，乃至以软件形式存在的应用，既是数据的来源，也是服务提供的界面。新型基础设施根植于数字技术之中，具有高速广泛、安全可控、绿色低碳、智能便捷的特征，能够保障数据流动和数据技术的应用，为消费者、供应商、政府等提供"智能互联"，形成自我强化的反馈循环能力，提高经济活动的效率。

（三）以数字政府治理为保障

数字政府治理是数字经济健康发展的重要保障。数字经济为经济发展带来新动力的同时，也产生了新的风险和挑战，例如，数据泄露、虚假信息、信息安全、数字化转型风险、数字平台垄断等，因此需要建立一套完善的制度和监管规则，保障数字经济健康发展。习近平总书记指出，"我国数字经济在快速发展中也出现了一些不健康、不规范的苗头和趋势，这些问题不仅影响数字经济健康发展，而且违反法律法规、对国家经济金融安全构成威胁，必须坚决纠正和治

理"①，并强调"推动数字经济健康发展，要坚持促进发展和监管规范
两手抓、两手都要硬，在发展中规范、在规范中发展"②。因此，加强
数字政府治理不是限制数字经济发展，而是为了营造规范有序的发展
环境，保障数字经济健康快速发展，形成新经济形态自我强化的良性
循环。

二、数字经济与经济高质量发展

数字经济作为一种新型经济形态，已经成为我国新的经济增长
点，对国民经济增长贡献不断增加。与此同时，数字经济逐渐重塑了
整个经济生产、交换、消费方式，与我国新发展理念内在要求相契
合，日益成为推动我国加快新旧动能转换、实现经济高质量发展的重
要引擎和基础。

（一）数字经济为加快构建新发展格局提供了新路径

习近平总书记指出："数字经济健康发展，有利于推动构建新发
展格局。构建新发展格局的重要任务是增强经济发展动能、畅通经济
循环。数字技术、数字经济可以推动各类资源要素快捷流动、各类市
场主体加速融合，帮助市场主体重构组织模式，实现跨界发展，打破
时空限制，延伸产业链条，畅通国内外经济循环。"③ 在全面建设社会
主义现代化国家的新征程中，要以高质量发展作为首要任务，加快构

① 《习近平谈治国理政》第四卷，外文出版社 2022 年版，第 205 页。
② 《习近平谈治国理政》第四卷，外文出版社 2022 年版，第 207 页。
③ 《习近平谈治国理政》第四卷，外文出版社 2022 年版，第 205—206 页。

建以国内大循环为主体、国内国际双循环相互促进的新发展格局，并以加快构建新发展格局推动高质量发展。加快构建新发展格局，着力推动经济高质量发展的关键环节在于实现商品和要素的自由流动，畅通商品和要素流动的循环。数字经济能够打破空间限制，整合各地资源，促进各地加速商品和要素资源市场化配置。通过发展数字经济，各地区可以建立线上的数字化、网络化市场，打破地区界限、行业壁垒和时空限制，推动各类资源要素快捷流动和市场化配置，产生网络效应，构建产业生态，促进供给和需求的高效匹配。此外，数字经济通过数据要素的高速流动和高效配置，还可以提高对外贸易的速度和效率，倒逼技术创新的步伐和产业结构的优化升级，促进我国在全球价值链中地位的提升，不断畅通国内国际双循环。

（二）数字经济为贯彻新发展理念提供了新优势

实现高质量发展，必须完整、准确、全面贯彻新发展理念。在经济发展的具体实践中，数字经济为我国实现创新、协调、绿色、开放、共享发展提供了新优势。

第一，数字经济能够为我国实现科技自立自强贡献数字化力量。近年来，我国数字经济领域的创新成果显著，人工智能、云计算、大数据、区块链、量子信息等新兴技术跻身全球第一梯队，5G 技术研发、应用全面领先，全球超算 500 强中我国上榜数量持续位列第一，芯片自主研发能力稳步提升，国产操作系统性能大幅提升，规模化推广应用加速，数字化产业创新生态加速形成。

第二，数字经济重塑了要素分配格局，有利于实现协调发展。数字技术正在持续打破空间限制、引导各类要素充分流动，加之其所具有的普惠性、连接性等特征，不断为落后地区、后发企业提供"变道超车"的新机遇，为区域协调发展、城乡融合、缩小产业发展差距、公共服务差距等提供了难得的契机。

第三，数字经济正在加快改变传统生产生活方式，助力绿色化转型，有效缓解自然资源与环境承载力不足的问题，有利于践行绿色发展理念。数字经济的跨时空性、去物质化等特点有助于减少社会经济活动的物质消耗量，进而减少生产这些物质的能源消耗。近年来，数字经济推进远程办公、公共出行、绿色消费等广泛应用，促进绿色生产生活方式的加快普及发展。例如，上海市正在依托数字技术开展"碳普惠"工作，将市民绿色出行、简约包装、垃圾分类等低碳行为所减少的二氧化碳排放量，核算为市民账户的"碳积分"，以数字化赋能绿色生活。此外，在产业数字化的过程中，不断依托数字技术推动绿色低碳新技术和节能设备的使用，从而赋能绿色制造发展，加快建立绿色低碳循环发展产业体系。

第四，数字经济有利于加快构建更高水平的全方位开放格局，为实现开放发展提供了新优势。当前中国已申请加入《数字经济伙伴关系协定》（DEPA），数字经济国际合作稳步推进，"数字丝绸之路"建设成果显著，已与17个国家签署"数字丝绸之路"合作谅解备忘录，与23个国家建立"丝路电商"双边合作机制。同时，数字技术也为促进更为广泛的国际贸易提供了重要支撑。例如，对外贸易平台的出现便利了商品与服务的出口与进口，使得跨境电商与数字贸易成为国际贸易的新模式，助推了更大范围、更宽领域和更深层次的开放格局。

第五，数字经济是共享发展理念的生动实践。数字经济的非排他性和非竞争性等特征有利于实现包容性发展，让人民群众在更大范围、更大程度上共享数字经济发展成果。当前的共享单车、共享汽车、共享办公等共享经济的发展都是数字经济体现共享发展的缩影。在社会服务方面，当前数字社会服务更加普惠便捷，国家全民健康信息平台基本建成，100% 的省份、84% 的地级市、69% 的县建立区域全民健康信息平台；城乡数字治理体系更加健全，网上政务服务省、市、县、乡、村五级全覆盖加快推进，更多政务服务事项下沉至基层办理，通过数字经济发展支撑补齐民生服务供给缺口，为保证全体人民共享发展成果提供了新优势。

（三）数字经济为深化供给侧结构性改革带来了新选择

供给侧质量难以有效匹配需求侧已经成为当前制约我国经济高质量发展的关键因素之一。数字经济通过提升生产效率、化解过剩产能、降低供给成本、提高创新能力，一方面可以促进有效供给能力的提升；另一方面还可以拓展传统需求、丰富新兴需求、促进需求升级，带动总需求规模的适度扩大，在扩大内需的同时实现供给水平的提升。数字经济的两大核心内容是数字产业化和产业数字化，数字产业化包括电子制造、软件、互联网、云计算等高技术产业，是各地新的经济增长点；产业数字化是利用数字技术对传统产业进行数字化转型，提升传统产业效率和效益，是各地改造提升传统产业的重要方式。可以看出，数字产业化和产业数字化已经成为推进供给侧结构性改革的重要力量。一方面数字产业化能够培育新动能；另一方面产业数字化能够推动传统产业进行全方位、全链条的升级改造，提高全要素生产率。数字经济已经发展成为我国供给端中最具创新创业活力的领域之一，数字经济的发展，数字技术的有效利用，有助于持续激发微观活力，促进"专、精、特、新"企业和制造业企业的培育，不断提升我国经济的创新引领力和国际竞争力，促进供给端质量的提升，实现经济高质量发展。

（四）数字经济为促进共同富裕提供了新思路

满足人民日益增长的美好生活需要，实现全体人民共同富裕，是经济高质量发展的重要方面。《"十四五"数字经济发展规划》明确提出："数字化服务是满足人民美好生活需要的重要途径。"近年来，以网络购物、网络直播、数字文娱、在线教育、在线医疗等为代表的数字消费新业态、新模式快速增长，对人们的消费模式和消费习惯造成了潜移默化的影响，有效打破生产、分配、流通和消费的时空限制，提高了有限资源的普惠化水平，极大地方便群众生活，满足多样化个性化需要。此外，实现共同富裕的前提和基础是充分就业。数字经济正在重塑社会就业结构，除了新增大量与数字技术研发和应用相关的高技术岗位需求外，还出现了主播、直播助理、物流配送等大量新业态、新岗位，为广大普通劳动者开辟了机动灵活、平等多样的就业创业选择。

数字经济的搜寻成本、复制成本、运输与沟通成本的优势，以及可记载性和验证性等特点，为我国区域间、城乡间和产业间的协调发展提供了新的路径和思路。第一，数字经济能够促进人力资本的积累。数字经济的出现，有效改善落后地区学习资源匮乏的问题，而与发达地区的高人力资本存量相比，落后地区的人力资本存在更大的提升空间，所以数字经济的发展可能对低经济水平地区产生更大的影响，从而不断缩小区域差距。第二，数字经济平台为农民增收创造了新路径。数字经济的发展使得越来越多的农民投入"直播农业、线上农业、创意农业"等数字化农业之路，丰富农业发展模式，让农产品准确高效对接市场，实现乡村振兴。第三，通过政策引导和技术人员指导，鼓励传统产业加快实现数字化转型，不断提高生产效率，实现传统产业的转型升级，缩小产业间的发展差距，为推进共同富裕创造必要条件。

三、加快发展数字经济的对策建议

党的十八大以来，以习近平同志为核心的党中央高度重视数字经济发展，将其上升为国家战略。根据 2022 全球数字经济大会的数据，我国数字经济规模已经连续多年位居世界第二，对经济社会发展产生了众多积极影响。同时也应看到，我国数字经济在快速发展中也面临一些风险和挑战。习近平总书记强调："要健全法律法规和政策制度，完善体制机制，提高我国数字经济治理体系和治理能力现代化水平。"[①] 在新征程上，要不断提升数字经济治理效能，在保障数字经济健康发展的同时，最大限度地发挥数字经济对经济高质量发展的推进作用。

（一）进一步推动数字经济与实体经济的融合发展

党的二十大报告提出推动数字经济与实体经济融合发展的战略部署，要把实体经济和数字经济的融合作为加快发展数字经济的主攻方向和关键突破口。可见，发展数字经济并不是要与实体经济"抢位"，而是推进数字经济与实体经济的深度融合，从而在根本上实现效率变革、动力变革、质量变革，助力实体经济实现转型发展。

---

① 《习近平谈治国理政》第四卷，外文出版社 2022 年版，第 208 页。

第一，要进一步夯实数字产业化这一基本点，大力发展软件服务业、互联网业、信息通信业等数字经济核心产业，持续培育并壮大云计算、大数据、5G、人工智能、区块链、元宇宙等新兴数字产业，充分发挥"东数西算"工程优势，加快建成国家一体化算力网络和全国一体化政务大数据系统，做强做优做大数字产业，筑牢数字经济发展基础。第二，进一步推进产业数字化的深度和广度，推动传统制造业、农业、公共服务事务、社会治理等的数字化转型和数字化场景重塑，切实发挥数字技术对经济发展的放大、叠加、倍增作用，不断提升数字产业集群的国际竞争力，利用大数据体系构建形成新的资源配置系统、产业协作系统和政务治理体系，加快助力形成双循环新发展格局。第三，积极探索并加快数字化转型促进中心的建设，在培育数字化转型"领头雁"企业的同时，更要重视解决中小企业数字化发展的困难，利用政策引导、鼓励"领头雁"企业对其他企业的数字化转型进行帮扶、指导，加快形成一批具有国际竞争力的数字产业集群，加快实现传统产业的转型升级。第四，在生活层面，要积极发展社区团购、众包众创、个性零售、数字农业、智慧旅游等新业态、新模式，推进数字经济与居民生产生活的深度融合。

（二）建设高效运作的数据要素市场

随着我国数字经济的蓬勃发展，数据已经成为继土地、劳动、资本等之后的又一重要生产要素，它已经融入生产、分配、流通、消费和社会服务管理等各个环节，深刻改变着生产方式、生活方式和社会治理方式。要使数据要素得到最有效率的配置，就要充分发挥市场机制的作用，建设高效运作的数据要素市场。数据要素市场建设的首要问题就是要解决好数据产权、流通交易、收益分配、安全治理等领域的规则问题。

第一，加快破解数据要素持有权、使用权、收益权等权利的产权问题。对传统的生产要素而言，与其相关的权利大多是附着在所有权的基础上的，因而界定产权很大程度上就是界定所有权问题。然而，数据要素相较于传统的生产要素，具有非排他性特征，任何主体对数据的使用都不会影响其他主体的使用；可复制性特征，能够以非常低的成本对其进行复制；可再生性特征，对数据的使用并不会让数据减少，反而会生产出更多的数据。这些性质决定了如果用传统的所有权的思路来界定数据产权会需要非常高的成本。因而需要加快数据要素产权制度的制定，核心是要以满足数据流通使用需要为出发点，协调好数据利用过程中个人、企业、政府的关系，既能充分保护数据来源者合法权益，又能明确数据处理者可以对其依法持有的数据进行使用，还要保证参与数据资源生产的各利益相关主体的收益权。对于公共数据要素的产权问题，要进一步推动公共数据的公开化，以促进数据市场供给为目的，在明确数据产权的基础上，加快数据共享开放，逐渐打通人才流、业务流、资金流、技术流，为数字经济健康发展持续注入源源不断的活水源泉。

第二，加快破解数据要素的流通问题。数据要素的价值必须通过流通和交易才能得到实现，只有当数据要素通过流通、交易，配置到那些有能力处理和利用它们的企业和个人手中时，才能实现它的价值。因此，要建立数据来源可确认、使用范围可界定、流通过程可追溯、安全风险可防范的数据流通体系。出台相应的制度，规定数据使用主体要确保流通数据来源合法、隐私保护到位、流通和交易规范，这样才能合理使用数据。此外，在数据交易过程中，还要加快数据交易格式的标准化建设，包括格式、接口、内容等方面的标准化建设，尽可能减少因数据标准不统一所带来的交易成本。

第三，进一步完善数据要素收益分配机制。数据作为一种生产要素就必须按照其贡献的程度参与分配。明确数据生产要素按贡献决定报酬的制度规则，按照"谁投入、谁贡献、谁受益"的原则，着重保护数据要素各参与方的收益，强化基于数据价值创造的激励导向。积极探索数据利用相关的税收和补贴制度，对数据要素的过高收入征收相应的税收，并对在数据生产和利用过程中处于相对弱势的群体进行相应的补贴，对垄断数据、滥用数据和算法获取高收益的行为进行严厉的处罚，防止因数据要素垄断而造成的收入不平等。

第四，加快数据立法，以法律形式确立数据作为生产要素和生产资料的法律定位，为数据的生产、流通、共享、使用等营造良好环境，这也是实现数据要素市场化配置的前提。

（三）加快新型基础设施建设

数字经济的发展速度和发展规模依赖于新型基础设施的建设水平。2022 年 4 月 26 日召开的中央财经委员会第十一次会议强调，要加强信息、科技、物流等产业升级基础设施建设，布局建设新一代超算、云计算、人工智能平台、宽带基础网络等设施，推进重大科技基础设施布局建设。这为我国加快新型基础设施建设，推动数字经济发展指明了方向。

第一，各地区要积极抢抓数字新基建发展机遇，打通经济社会发展的信息"大动脉"，全力推动数字经济发展再上新台阶。要大力发展新一代信息技术、特高压、人工智能、工业互联网、新能源、充电桩、智慧城市、城际高速铁路和城际轨道交通、大数据中心、5G 基站等新型基础设施，适度超前布局数字基础设施，加强数据中心优化提升和算力中心统筹布局。第二，在新型基础设施的建设中，充分发挥政府资金前期建设的保障性作用，逐步激励市场发挥投资主体功能，发展多层次资本市场、建立新激励机制调动地方政府和企业家投资新型基础设施建设的积极性。第三，加快建设新型数据中心、云边端设施、人工智能基础设施的建设，逐步推进数据中心从存储型到计算型的供给侧结构性改革，促使数据中心从"云＋端"集中式架构向"云＋边＋端"分布式架构演变，打造人工智能超高速计算中心，为数字经济的蓬勃发展奠定基础。

（四）进一步完善数字经济治理体系

数字经济的健康发展离不开完善的数字经济治理体系。第一，要明确平台企业的主体责任和义务，尽力破除平台企业数据垄断等问题，防止利用数据、算法、技术手段等方式排除、阻碍竞争，尽快完善数字经济领域的垄断协议、滥用市场支配地位、违法实施经营者集中行为的审查和认定规则。鼓励各平台行业根据本行业发展实际制定自律监管规章，规范本行业的平台企业合法、合规经营。第二，继续提升数字经济监管技术和监管手段，统筹好社会监督、媒体监督和公众监督，加快形成监督合力，力争把数字监管和治理贯穿在数字经济生产、流通、投资、分配的全过程中。要注意合理使用和保护个人信息，对利用数据侵犯他人合法权益的不法分子进行严厉的处罚。第三，进一步加大政务服务信息化建设水平和统筹力度，提高数字政府普及水平，强化政府数字化治理能力和服务能力建设，以数字化政府治理效率的提升，推动政府在规范市场、鼓励创新、保护消费者权益等方面发挥出更加有效的作用。

第三章
全面推进乡村振兴

农为邦本，本固邦宁。2022 年中央经济工作会议指出，要全面推进乡村振兴，坚决防止出现规模性返贫。习近平总书记指出："全面建设社会主义现代化国家，最艰巨最繁重的任务仍然在农村。"[①] 习近平总书记的重要论述表明，一方面，全面推进乡村振兴已经成为建设社会主义现代化国家的关键前提；另一方面，要抓紧抓好巩固拓展脱贫攻坚成果，不仅要促进脱贫群众生活更上一层楼，更要实现巩固拓展脱贫攻坚成果同乡村振兴有效衔接的平稳过渡。因此，在理论层面讨论乡村振兴的历史方位与战略地位，认识全面推进乡村振兴的内涵与机遇，对于把准全面推进乡村振兴的重点任务、推动农业农村现代化、建设农业强国具有重要的理论和现实意义。

[①] 习近平：《高举中国特色社会主义伟大旗帜　为全面建设社会主义现代化国家而团结奋斗——在中国共产党第二十次全国代表大会上的报告》，人民出版社 2022 年版，第 30—31 页。

一、准确把握全面推进乡村振兴的历史方位和战略定位

（一）民族要复兴，乡村必振兴

习近平总书记在党的二十大报告中庄严宣示："从现在起，中国共产党的中心任务就是团结带领全国各族人民全面建成社会主义现代化强国、实现第二个百年奋斗目标，以中国式现代化全面推进中华民族伟大复兴。"[①] 从中华民族伟大复兴战略全局看，民族要复兴，乡村必振兴。中国自古以农立国，农耕文明源远流长，灿烂辉煌，至今已有数千年的农业生产历史。回顾历史长河，中国农业发展与国家社会稳定发展紧密相关，是应对外部风险冲击的"压舱石"，乡村振兴是实现中华民族伟大复兴的重要前提和重要组成部分。

乡村振兴是促进经济社会持续健康发展的重大举措，符合我国发展现状和社会发展规律。在我国近几十年工业化、城镇化发展中，大量农村人才、资金等生产资源不断流入城市，城市发展较快，农村发展相对滞后，而农村产业的落后与农村建设不完善，进一步加剧了农村生产要素的流失。乡村振兴代表了要坚持农业农村优先发展，坚持城乡融合发展，畅通城乡要素流动。

乡村振兴是符合人民日益增长的对美好生活需要的重大战略。国家统计局数据显示，2022年中国农村常住人口约4.9亿人，未来相当一段时期内仍然会有几亿人生活在农村。乡村振兴有助于提高农村基层组织管理水平，完善农村基础建设，优化农村居民生活环境，让乡

[①] 习近平：《高举中国特色社会主义伟大旗帜　为全面建设社会主义现代化国家而团结奋斗——在中国共产党第二十次全国代表大会上的报告》，人民出版社2022年版，第21页。

村也具备现代化特征，提高农村居民生活幸福感。农村居民在美好的生活中进一步激发起强烈的民族自豪感，凝聚起实现中华民族伟大复兴的磅礴力量。现代化乡村建设不仅是满足农村人口的生活需要，农业的发展也能更好地满足城市人口的需求，美丽的乡村也是城市人口生活中的一道亮丽风景。

（二）只有深刻理解了"三农"问题，才能更好理解我们这个党、这个国家、这个民族

"三农"问题是关系国计民生的根本性问题，也是贯穿中国革命、建设、改革各个历史时期的一条重要线索，只有深刻理解"三农"问题，才能更好理解我们这个党、这个国家、这个民族。长期以来，中国共产党始终与"三农"有着割不断的情感联系。早期的中国共产党党员构成中，农民身份的成分占比重很大。即使到了现在，来自农村的农民党员仍是占比最大的群体。1928 年党的六大时农民党员占党员总数的 76.6%，1949 年下半年，在 326 万多地方党员中，农民出身的占 83%。[①] 农民始终是我们党最可信赖最可依靠的基础力量。党的十九届六中全会审议通过的《中共中央关于党的百年奋斗重大成就和历史经验的决议》指出，党始终把解决好"三农"问题作为全党工作重中之重。习近平总书记强调："任何时候都不能忽视农业、忘记农民、淡漠农村。"[②] 党的十八大以来，习近平总书记从大历史观的视角，结合中华民族几千年来的农耕文化和中国共产党百年来领导"三

---

① 唐仁健：《百年伟业"三农"华章——中国共产党在"三农"领域的百年成就及其历史经验》，《中共党史研究》2021 年第 5 期。

② 中共中央党史和文献研究院编：《习近平关于"三农"工作论述摘编》，中央文献出版社 2019 年版，第 4 页。

农"的奋斗历程，透过"三农"本质与特征，在深入分析"农业基础还不稳固，城乡区域发展和居民收入差距仍然较大，城乡发展不平衡、农村发展不充分仍是社会主要矛盾的集中体现"[①] 等现实问题的基础上，回应了新时代为什么以及如何推进农业农村现代化，提出了以"产业兴旺、生态宜居、乡风文明、治理有效、生活富裕"[②] 为总要求的乡村振兴战略。

中国自古以农业立国，大国小农是基本国情农情，小规模家庭经营是中国农业农村现代化无法绕开的基本现实，也是推进中国式现代化的历史起点。中国能够创造经济快速发展和社会长期稳定两大奇迹，其中一个重要基础性支撑因素就是农业这个"压舱石"稳住了。从农业大国迈向农业强国，是我们实现大国崛起的根基所在。中华民族是以农耕文明为本源的民族，中华文明植根于农耕文明，农耕文明决定了我们民族的基因。中国是世界四大文明古国、三大农业起源中心之一，中华民族种五谷、养六畜，创造了灿烂辉煌的东方农耕文明。天人合一、道法自然等哲学思想，耕读传家、守望相助等精神特质，无不彰显着中华民族的思想智慧和价值追求，更是实现中华民族伟大复兴的民族精神源泉。

（三）全面推进乡村振兴是"三农"工作的历史性转移

在脱贫攻坚目标任务已经完成的形势下，习近平总书记在2020年中央农村工作会议上又作出全面推进乡村振兴是"三农"工作历史性转移的重要判断。具体来说，"三农"工作的历史性转移主要包括

---

① 《习近平谈治国理政》第四卷，外文出版社2022年版，第194页。

② 中共中央党史和文献研究院编：《习近平关于"三农"工作论述摘编》，中央文献出版社2019年版，第5页。

三方面内容。一是"三农"工作对象转向所有农民。脱贫攻坚时期，在精准扶贫的要求下，建档立卡的贫困户是帮扶的主要对象；而在推进乡村振兴时期，促进全体人民共同富裕被摆在更加重要的位置，改革发展成果要更多更公平惠及全体农民。二是"三农"工作任务转向推动乡村全面振兴。脱贫攻坚时期，"三农"工作的主要任务是实现"两不愁三保障"；而在推进乡村振兴时期，"三农"工作的主要任务转变为巩固脱贫攻坚成果同乡村振兴有效衔接，要求推动乡村产业、人才、文化、生态、组织全面振兴。三是工作举措转向促进发展。脱贫攻坚时期，"发展生产脱贫一批、易地搬迁脱贫一批、生态补偿脱贫一批、发展教育脱贫一批、社会保障兜底一批"的扶贫举措，通过各种帮扶方式实现了贫困地区的脱贫摘帽；而在推进乡村振兴时期，由"输血式""造血式"帮扶转向拓展乡村多种功能，向广度深度进军，推动乡村产业发展壮大。

二、全面推进乡村振兴的内涵与机遇

（一）乡村振兴是产业、人才、文化、生态、组织全面振兴

党的二十大报告指出，加快建设农业强国，扎实推动乡村产业、人才、文化、生态、组织振兴。乡村振兴是包括产业、人才、文化、生态、组织的全面振兴，是"五位一体"总体布局、"四个全面"战略布局在"三农"工作的体现。乡村振兴这一发展战略绘制了产业兴旺、生态宜居、乡风文明、治理有效、生活富裕的农村发展蓝图。

产业振兴是乡村振兴的重中之重。产业发展是激发乡村活力的根本所在，是解决农村所有问题的前提。乡村产业根植于县域，依托于

农业农村资源，以农民为主体，发展现代种养业、地域特色产业、农产品加工流通业、休闲旅游业、乡村服务业等农村一二三产业，具有产业链延伸、价值链提升、供应链健全等一系列特征。只有把乡村产业发展起来，建立健全现代乡村产业体系，才能真正实现乡村振兴的总要求、总任务和总目标。

人才支撑是乡村振兴的关键。现代化农业产业建设，不仅需要大量的人才积极投入到乡村振兴中来，而且更需要高科技人才、多学科交叉领域人才等高素质人才。具备科学文化素质、掌握先进生产技术、具有实践经验和管理能力的人才能更好地完成乡村振兴这一伟大任务。尽管我国农村人口众多，但新时期、新阶段下的乡村人才振兴，还面临着人才总量供给不足、人才结构不合理、现有人才素质不高、农村人才体制和政策有待于建立和完善等问题。乡村振兴需要通过加大农民技能培训力度、引导高校分类培养和引进各级各类人才、引导各类人才到农村兴办产业等多种方式，完善农村人才培养和人才引进政策机制。

文化振兴是乡村振兴的灵魂。用优秀的乡村文化唤起村民的文化自觉认同感，让村民树立正确的文化发展观念，调动村民的积极性和主动性，增强凝聚力，自觉接受乡村文化的熏陶，孕育良好的社会风气，让更多村民参与到乡村文化的建设中。通过多种文化活动丰富村民的精神文化生活，满足其文化需求。同时各地乡村宝贵的民俗文化、非物质文化遗产等资源，也有利于打造具有地区特色的乡村文化产业，助推乡村产业振兴。

生态振兴是乡村振兴的重要保障。促进农业可持续发展是世界农业的主要取向，在人与自然和谐共生的时代要求下，建立绿色低碳循环的农业产业体系成为乡村振兴的重要目标。要牢固树立和践行绿水青山就是金山银山的发展理念，把乡村生态环境改善作为实现巩固拓展脱贫攻坚成果同乡村振兴有效衔接的新途径。一方面，要培育乡村的自然资本意识，要深刻认识乡村自然资本不具有可替代性，如果乡村生态系统遭到破坏或部分功能丧失，将难以用其他资本替代；另一方面，要引导乡村用好用足自然资本，将乡村优美的自然环境和田园风光转变为生态产品，推进生态产品的价值转化，进一步拓宽农民增收渠道，促进乡村繁荣发展。

组织振兴是乡村振兴的重要保证。首先，要完善党领导"三农"工作体制机制，推动机构改革，发挥各部门统筹协调抓好"三农"工作的作用。其次，要抓住领导干部这个重点，把落实农业农村优先发展的方针作为领导干部理论学习的重点内容。再次，要加强农村基层党组织建设。一方面，要加强对农村基层干部的监督管理，防止腐败问题的出现；另一方面，农村基层干部这支队伍常年风里来雨里去，对他们政治上要信任，工作上要依靠，生活上要关心。最后，要建立干部的实绩考核机制。按照"三农"工作重心从脱贫攻坚转向全面推进乡村振兴的总要求，在干部配备上优先考虑的同时，建立领导干部推进乡村振兴战略的实绩考核制度，加强干部管理的规范性，提高领导干部投身"三农"工作的积极性。

（二）立足国情农情推动乡村振兴

实施乡村振兴战略的总目标是农业农村现代化。由于国情农情的不同，我国推进乡村振兴战略不能简单照搬国外现代化农业强国模式，而是要在立足国情农情的基础上，实现"四化同步"发展。

从农业自身来看，中国农业长期面对人多地少、超小规模的现实基础，这也是中国建设农业强国不可选择的历史起点。在人多地少的资源条件约束下，"大国小农"是我们的基本国情农情，小规模家庭经营是农业的本源性制度。第三次全国农业普查主要数据公报显示，2016年全国农业经营户 20743 万户，其中规模农业经营户 398 万户，规模农业经营户占比不足 2%。从耕地规模上看，据农业农村部 2021 年的数据，全国超过 98% 的农户经营的耕地在 10 亩以下。即使考虑到未来城镇化程度的提高和农业转移人口数量的增加，但在耕地有限的条件下，到 2050 年我国单个农业劳动力的耕地面积仍在 75 亩以下。[①]

从整个现代化进程中看，中国"并联式"现代化的特征使农业无法享受到工业化城镇化的溢出效应，反而农业强国建设可能与工业化城镇化的目标存在冲突。第一，"并联式"现代化对耕地保护带来了巨大压力。随着工业化城镇化的持续扩张，工业发展和城市建设对土地需求急剧上升，尽管我国采取了一系列"硬措施"来保护 18 亿亩耕地红线，但占多补少、占优补劣、占近补远等情况依然普遍存在，我国在耕地数量管理、质量提升、用途控制方面存在诸多压力。第二，"并联式"现代化导致了农业劳动力的流失，"谁来种地"成为亟待回答的难题。工业化城镇化的快速推进造成了大量男性青壮年劳动力从农业部门向非农部门转移，中国农业劳动力的结构变化对农业强国建设带来前所未有的挑战。目前，中国农业劳动力的女性化和老龄化趋势十分明显。调查发现，中国主要从事农业生产活动的劳动力男性占比从 1990 年的 52.6% 下降到 2010 年的 50.8%，农业劳动力平均年龄从 1999 年的 43.1 岁上升到 2016 年的 57 岁。[②] 第三，"并联式"

---

① 黄季焜、胡瑞法、易红梅、盛誉、王金霞、宝明涛、刘旭：《面向 2050 年我国农业发展愿景与对策研究》，《中国工程科学》2022 年第 1 期。

② 原新、刘厚莲：《改革开放以来中国农业劳动力变迁研究——基于人口普查数据的分析》，《中国农业大学学报（社会科学版）》2015 年第 4 期。

现代化造成了"与农争利"问题的出现。一方面，农业强国建设需要大量资金投入，但在城乡二元结构依然存在的背景下，金融资金更侧重于向城市倾斜，而且农村存款也可能通过虹吸效应转而流入城市；另一方面，尽管近年来农业农村成为财政支出的优先领域，但在农业科研投入的财政保障方面仍然不足。据统计，我国农业科研投资强度不仅远低于全国科研投资强度的平均数，而且农业科研投资也仅相当于发达国家政府平均农业科研投资强度的 1/3 左右。

三、全面推进乡村振兴的重点任务

（一）全力守住国家粮食安全底线

中国是世界人口大国，2022 年中国有 14 亿多人口，"国以民为本，民以食为天"，粮食安全是关系国家安全和社会稳定的前提与基础。紧盯保障国家粮食安全这条底线任务，任何时候都要把饭碗牢牢端在自己的手中，确保饭碗中主要装中国粮，是当前乡村振兴的重中之重。

党的二十大报告指出，全方位夯实粮食安全根基，全面落实粮食安全党政同责。保障粮食安全是乡村振兴的底线要求。要通过"藏粮于地，藏粮于技"战略，全面提高我国农业生产的土地生产率和劳动生产率，切实保障国家粮食安全。在"藏粮于地"方面，一是严保耕地面积。完善并落实最严格的耕地保护制度，坚决遏制耕地"非农化"和防止耕地"非粮化"，坚守 18 亿亩耕地红线。二是提升耕地质量。在保护好耕地特别是基本农田的基础上，大规模开展高标准农田建设，逐步把永久基本农田全部建成旱涝保收的高标准农田，同时要加快推进农业绿色发展转型，强化土壤污染管控和修复，解决农业面源污染问题。三是严控土地用途。在法律上分类明确耕地、永久基本农田、高标准农田的主要用途，在技术上鼓励利用"四荒"资源，在经济上进一步落实完善耕地占补平衡政策。在"藏粮于技"方面，一是大力推进种源等农业关键核心技术攻关。加强农业种质资源保护开发利用，强化企业在科技创新中的主体地位，培育具有自主知识产权的优良品种。二是加快提高农业科技进步贡献率。强化农业科技和装备支撑，紧盯世界农业科技前沿，大力发展智慧农业、生物农业、数字农业、绿色农业，加快实现高水平农业科技自立自强。三是加强基层农业技术推广体系建设。根据各地实际生产情况，设计出适合当地产业发展的、以乡村振兴为目标的农业技术推广体系，解决农业技术推广在基层的"最后一公里"问题。

（二）牢牢守住不发生规模性返贫底线

2020 年中国完成了全面脱贫这一伟大的历史任务，脱贫攻坚战的全面胜利，标志着中国共产党在团结带领人民创造美好生活、实现共同富裕的道路上迈出了坚实的一大步，但脱贫摘帽不是终点，而是新生活、新奋斗的起点。贫困是人类社会的顽疾。脱贫地区、脱贫群众虽已实现脱贫，但一些地区发展基础和自我发展能力依旧不强，遇到自然灾害、疾病、意外事故等多种情况有可能返贫致贫，巩固成果防止返贫任务很重。正如党的二十大报告中提到的，巩固拓展脱贫攻坚成果，增强脱贫地区和脱贫群众内生发展动力。

不发生规模性返贫的阶段性成果需要进一步巩固完善。第一，要完善落实防止返贫监测帮扶机制。防止返贫的监测帮扶机制是对返贫因素、脱贫效果进行监测，并依据脱贫信息的科学高效传递，基于监测结果综合判定并触发相应后续流程的机制。第二，要增强脱贫地区自我发展能力，促进脱贫人口持续增收。支持脱贫地区发展特色产业，加强劳务协作和职业技能培训，促进脱贫人口持续增收。发展多类形式、多种规模的新型农业，促进农业生产产业链与价值链的延长，保证每个脱贫村都有主导产业、有带动企业、有稳定的增收渠道，彻底阻断规模性返贫现象的发生。第三，要健全完善基层农技推广服务体系，挖掘特色资源，结合前瞻突破性技术，精益求精，深耕特色优势农业。要做好职业技能培训，鼓励和支持农技部门、科研院所、大专院校等专业部门与单位为农民、合作社提供精细服务和精准指导，发展特色优势农产品精细生产和精深加工，推动农业全产业链进一步提高效益。

（三）建设宜居宜业和美乡村

乡村不仅是从事农业生产的空间载体，而且是广大农民群众生于斯、长于斯的家园故土。尽管近年来农业农村现代化取得了较大进展，但相对于工业化、城镇化、信息化的快速推进，乡村建设步伐还没有跟上，城乡发展不平衡、农村发展不充分仍是社会矛盾的集中体现。因此，要由表及里、形神兼备地推动乡村全面振兴。

建设宜居宜业和美乡村，要妥善处理"人"的现代化与"物"的现代化的关系。第一，补齐农村基础设施短板，逐步使农村基本具备现代生活条件。一方面，要加强道路的养护与管理，推动与沿线配套设施、产业园区、旅游景区、乡村旅游重点村一体化建设；另一方面，扎实推进农村人居环境整治提升，特别是对于直接关系到农民群众生活品质的厕所问题，要当作实施乡村振兴战略的一项具体工作来推进。第二，科学合理谋划村庄布局，处理好乡村建设与乡村保护的关系。一方面，要注重地域特色、尊重文化差异，把挖掘原生态村居风貌和引入现代元素结合起来，做到"百里不同风，十里不同俗"，打造各具特色的现代版"富春山居图"；另一方面，要坚持先规划后建设，无规划不建设，确保乡村产业设施、公共基础设施、基本服务设施建设从容展开，农村人居环境改善、乡村生态保护、农耕文化传承有序推进。第三，要协调好政府引导与农民主体的关系，坚持乡村建设是为农民而建。一方面，为农民提供乡村公共基础设施和公共服务设施是政府应尽的责任，政府不能缺位；另一方面，要坚决反对超越发展阶段和违背农民意愿的乡村建设方式，发挥政府引导和农民主体作用，真正把好事办好、把实事办实。

第四章
促进区域协调发展

2022 年中央经济工作会议突出强调了做好经济工作的六个"坚持"，其中一条就是"坚持发展是党执政兴国的第一要务，发展必须是高质量发展，完整、准确、全面贯彻新发展理念"。作为现代化经济体系的重要组成部分，区域协调发展在实施扩大内需战略、释放经济增长潜力、弥补经济发展短板等领域都发挥着重要作用，是推动我国经济高质量发展、落实新发展理念、构建全国统一大市场的关键举措。过去五年，我国区域协调发展战略、区域重大战略深入实施，经济结构不断优化。2023 年我国的经济工作应当针对实施区域协调发展战略面临的困难与挑战，基于形成优势互补的区域经济发展格局的总体目标，加快深入实施区域协调发展战略和区域重大战略，不断推动区域协调发展迈向更高水平，为全面建设社会主义现代化国家奠定坚实基础。

一、区域协调发展的重要意义

党的十八大以来，习近平总书记对区域协调发展作出一系列重要论述，为立足新发展阶段、贯彻新发展理念、构建新发展格局更好促进区域协调发展提供了理论遵循和科学指引。2022 年 10 月，党的二十大报告将"促进区域协调发展"作为加快构建新发展格局、着力推动高质量发展的重要战略部署，指出要"深入实施区域协调发展战略、区域重大战略、主体功能区战略、新型城镇化战略，优化重大生产力布局，构建优势互补、高质量发展的区域经济布局和国土空间体系"①，这为未来我国区域协调发展擘画了新的蓝图。

（一）区域协调发展是实现共同富裕的必然要求

在资本主义生产方式下，生产力的发展由于私人生产的无政府状态必然导致不平衡发展，而社会主义使社会生产成为一个统一的整体，有计划按比例的原则使生产力的平衡布局成为可能。由此可见，实现区域协调发展是社会主义本质的体现，社会主义制度决定了区域协调发展是实现社会主义发展目标的重要组成部分。

一方面，区域协调发展能够提升生产力水平，为共同富裕奠定经济基础。生产是分配的前提和基础，共同富裕是建立在生产力高度发展基础上的，只有不断提升总体生产力水平才能够真正实现共同富裕，共同富裕需要经济发展作为支撑。与此同时，区域整体发展水平提升也会有助于区域发展差距的缩小，因为只有不断提升整体区域发展水平，区域发展差距的缩小才具备坚实的经济基础，才能在现实经济活动中得以持续推进。另一方面，区域协调发展能够优化生产力空间布局。由于中国幅员辽阔、人口众多，各地区的历史、地形地貌、自然资源禀赋和区位条件各异，区域发展差距大、

---

① 习近平：《高举中国特色社会主义伟大旗帜　为全面建设社会主义现代化国家而团结奋斗——在中国共产党第二十次全国代表大会上的报告》，人民出版社 2022 年版，第31—32 页。

发展不平衡是中国的基本国情。实施区域协调发展战略可以通过加快构建要素有序自由流动、主体功能约束有效、基本公共服务均等、资源环境可承载的区域协调发展新机制来优化生产力的空间布局，从而缩小区域经济发展差距和区域收入分配差距，促进全体人民共同富裕。

（二）区域协调发展是实现高质量发展的必然前提

习近平总书记在党的二十大报告中强调，"高质量发展是全面建设社会主义现代化国家的首要任务。发展是党执政兴国的第一要务。没有坚实的物质技术基础，就不可能全面建成社会主义现代化强国"[1]。当前，我国经济已迈入高质量发展阶段，经济社会发展必须以推动高质量发展为主题。经过 40 多年的持续高速增长，当前我国经济规模已经稳居世界第二，创造了人类历史上的发展奇迹。然而，伴随着经济的高速增长，区域之间由于激烈的市场竞争而产生的市场分割与地方保护等行为也严重制约了我国经济的高质量发展。在此背景下，通过加快实施区域协调发展战略从而推动形成全国统一大市场将为高质量发展目标的实现奠定坚实基础。

一方面，全国统一大市场的形成能够为经济发展持续提供巨大动能。我国拥有全世界最大的市场规模优势，但在很长一段时期内，由于区域经济过度竞争，巨大的市场规模优势没有得到充分发挥。而统一大市场的形成能够发挥市场促进竞争、深化分工等优势，从而顺利实现市场效率提升、劳动生产率提高、居民收入增加、市场主体壮大

---

[1] 习近平：《高举中国特色社会主义伟大旗帜　为全面建设社会主义现代化国家而团结奋斗——在中国共产党第二十次全国代表大会上的报告》，人民出版社 2022 年版，第28 页。

等目标，使得市场规模不断扩大，能够为高质量经济增长提供巨大的内需动能。另一方面，全国统一大市场的形成也有助于促进科技创新和产业升级。超大规模市场具有丰富应用场景和放大创新收益的优势，市场一体化程度越高，创新要素有序流动就越快，市场需求引导创新资源的能力就越强，科技创新和新兴产业的发展空间也就越来越大。

（三）区域协调发展是践行新发展理念的必然要求

随着我国经济发展进入新常态，以"创新、协调、绿色、开放、共享"为内涵的新发展理念成为我国经济由高速增长阶段转向高质量发展阶段的重要理论指引。完整、准确、全面贯彻新发展理念已经成为我国建设社会主义现代化国家的首要任务。在新发展理念中，协调发展理念强调增强发展的整体性、平衡性、协调性，旨在促进城乡区域协调发展、经济社会协调发展以及新型工业化、信息化、城镇化和农业现代化同步发展，解决发展过程中存在的不平衡不协调的问题。而实施区域协调发展战略，就是通过具体实践政策贯彻落实协调发展理念。

具体来看，要实现协调发展，一方面需要在宏观层面促进我国各大板块之间的协调互动。强化举措推进西部大开发形成新格局，深化改革加快东北等老工业基地振兴，发挥优势推动中部地区崛起，创新引领率先实现东部地区优化发展，建立更加有效的区域协调发展新机制。另一方面，更要立足重点区域，建立大城市与小城镇协调发展的新格局，促进区域优势互补、各展其长。以京津冀协同发展为建设标杆，为全国实现地区间的协调发展提供经验样板，以生态保护为导向发展长江经济带，支持资源型城市转型。与此同时，还应关注边疆地区发展，加快建设海洋强国，努力塑造要素有序自由流动、主体功能约束有效、基本公共服务均等、资源环境可承载的区域协调发展新格局。

二、实现区域协调发展面临的主要难题

缩小区域发展差距和推动区域经济高质量发展都并非易事。党的十八大以来的区域协调发展实践也证明，我国区域协调发展依然面临诸多挑战，不同区域的发展差距仍然较大，突出表现在大中小城市的发展差距正在扩大、南北区域经济分化态势明显、资源型城市的发展压力逐渐增大等方面。

（一）大中小城市的发展差距正在扩大

经过 40 多年的高速发展，我国形成了一大批综合实力强、发展水平高的超大城市和特大城市，对区域经济的整体增长起到了决定性作用。截至 2022 年，我国有 24 座城市的经济规模超过 1 万亿元。其中，仅 GDP 排名前十的城市的经济总量就已经达到了 27.6 万亿元，占全国经济总量的比重已经达到 22.8%。由此可见，这些大城市在我国宏观经济中的地位和作用非同一般。

然而，我国共有 691 个城市，其中，地级以上城市 297 个、县级市 394 个，此外还有 1000 多个县。万亿级城市经济总量占全国经济总量比重的不断提升，也意味着其他中小城市的发展逐渐陷入困境，这些中小城市长期被人口加速流失、经济增长乏力、主导产业难以形成、城市财政压力较大等棘手问题困扰，可持续发展乏力。这些问题

的形成既与中小城市自身发展基础较差、发展能力不足直接相关，也与大城市所产生的虹吸效应密切相关。得益于高速增长的经济形势，大城市的经济实力、提供优质就业岗位和优质公共产品的能力都迅速提高，大量要素和经济产业活动都向大城市快速集聚。与此同时，随着我国经济发展阶段逐渐由高速发展转向高质量发展，越来越多的中小城市所面临的发展压力不断增大。在这一背景下，想要继续提高国家经济发展的量级与水平，一方面，大城市将发挥无可替代的关键作用，这些经济体量巨大、科技创新能力较强的城市仍然会是我国区域经济增长的重要增长极。另一方面，如何进一步激发数量众多的中小城市的发展潜力也至关重要。这不仅是破解中小城市自身发展问题的需要，也是缩小整个区域发展差距并最终实现共同富裕的关键举措。

（二）南北区域经济分化态势明显

南北区域经济发展差距扩大是近年来我国区域经济发展过程中出现的值得关注的新情况新问题。习近平总书记在 2019 年就指出"一些北方省份增长放缓，全国经济重心进一步南移"[①]。根据国家统计局的数据，当前我国南北差距明显拉大。2010—2021 年北方经济总量占全国经济总量的比重从 42.8% 快速下降至 35.2%，南北经济总量差距从 14.4 个百分点迅速扩大至 29.6 个百分点，人均 GDP 差距从 0.97 扩大至 1.25。与此同时，从单个省份的经济发展形势来看，北方省份与南方省份的 GDP 差距也在逐渐扩大。例如，在北方地区经济规模排名第一的山东省，1999—2002 年的经济总量占全国经济总量比

---

① 《习近平谈治国理政》第三卷，外文出版社 2020 年版，第 270 页。

重为 8.44%，而 2015—2020 年的经济总量占全国经济总量比重下降
为 7.51%，降幅为 0.93 个百分点。相比之下，作为南方经济规模最
大的两个省份，江苏省和广东省的经济总量占全国经济总量比重分
别由 1999—2002 年的 8.76% 和 11.03% 变为 2015—2020 年的 10.21%
和 10.93%，江苏省的经济总量占全国经济总量比重上升了 1.45 个百
分点，而广东省的经济总量占全国经济总量比重虽然相比于 1999—
2002 年略有下降，但是相比于 2009—2014 年的 10.77% 则实现了占
比的重新提高。因此，南北地区的发展差距问题值得高度重视。

　　发展环境欠缺与产业结构失衡是导致南北区域差距拉大的重要原
因。一方面，从开放思想与发展环境来看，作为实施改革开放战略的
前沿地带，大部分南方城市在对外开放上的步伐要远远快于北方城市，
开放发展的思想不仅成为南方大多数城市发展的重要指导方针，更牢
牢根植于广大老百姓的心中。近几年，不管是沿海开放带，还是长江
沿线开放带，经济发展条件都比较优越。粤港澳大湾区建设、长三角
城市群建设、长江中游城市群建设、成渝地区双城经济圈建设等战略
的实施，都继续维持了南方地区在对外开放领域的优势。另一方面，
从产业结构尤其是工业结构来看，我国南方地区主要以轻工业为主，
而北方地区的重要城市大多以重工业为主，特别是在全国工业版图上
占重要地位的东北地区，曾经长期是我国的重工业基地，对整个国家
的经济产业安全起到了中流砥柱的作用。然而，重工业属于重资产行
业，主要满足于国家工业化和国防工业的需要，对市场需求和经济效
益关注较少，每每遇到产业结构调整或经济周期波动，转型升级步伐
都较慢，直接影响当地的经济发展速度与发展效益。改革开放以来，
南方地区在轻工业和很多新型工业领域都实现了加速发展，而北方地
区在这方面却没有占得先机，逐渐拉大了与南方地区的发展差距。

（三）资源型城市的发展压力逐渐增大

资源型城市是以本地区矿产、森林等自然资源开采、加工为主导产业的城市类型。在史无前例的工业化进程中，在经济发展产生的大量资源需求的刺激下，我国出现了200多个依矿而建、因矿而兴的资源型城市。作为我国重要的能源资源战略保障基地，资源型城市是国民经济持续健康发展的重要支撑。促进资源型城市可持续发展，是加快转变经济发展方式、实现社会主义现代化强国奋斗目标的必然要求，也是促进区域协调发展、统筹推进新型工业化和新型城镇化、维护社会和谐稳定、建设生态文明的重要任务。然而，在我国工业化进程的深入推进以及工业化水平不断提高的同时，很多资源型城市面临着资源枯竭的困境，如何加快资源型城市的转型发展已成为当务之急。

从具体问题来看，一方面，资源枯竭城市历史遗留问题十分严重，转型发展内生动力不强。当前，不少资源型城市存在大量需要改造的棚户区、需要治理的沉陷区以及需要解决就业问题的失业矿工，这些问题都对资源型城市的可持续发展提出了严峻挑战。另一方面，由于路径依赖，资源型城市的产业结构过度集中于采掘业等传统产业，现代制造业、高技术产业等新型产业均处于起步阶段，人才、资金等要素集聚能力弱，创新水平低，进一步发展接续替代产业的支撑保障能力严重不足。更严重的是，在过去的发展过程中，由于经济发展方式的原因，很多资源型城市的部分地区开发强度过大，资源综合利用水平低，使得整个城市的生态环境遭到严重破坏，资源开发与经济社会发展、生态环境保护之间不平衡、不协调的矛盾突出，资源收益分配改革涉及深层次的利益格局调整，矛盾错综复杂。

三、促进区域协调发展的政策措施

区域经济关系国民经济的总量和结构、效率和公平。促进区域协调发展，是贯彻新发展理念的重要内容，是实现经济高质量发展的必然要求，更是推进中国式现代化的关键路径。过去五年，我国区域发展平衡性协调性显著增强。面向新征程，未来我国深入实施区域协调发展战略需着重把握以下三个重点。

（一）提高区域协调发展战略的长期性

缩小区域发展差距是区域协调发展战略的重要目标。然而，从区域发展差距的形成机理看，绝大部分区域内部的发展差距形成于各种因素的长期作用，想要在短期内缩小甚至消除区域发展差距会面临较大难度。这是因为不同地区的发展会受到传统发展路径的影响，而扭转或者重构地区发展路径往往需要较长时间。因此，在深入实施区域协调发展战略的过程中，一方面，要清醒意识到缩小区域发展差距不仅是实施区域协调发展战略的根本目标，更是长期目标，所有的具体政策推动都要充分考虑这一因素。另一方面，也要认识到随着区域协调发展战略的深入实施和各项打破行政区域分割措施的陆续推出，个别发展能力较强和发展基础较好的区域可能会率先得益于要素自由流动程度的提高而实现经济快速发展，而其他发展能力和发展基础相对薄弱的地区可能会在短期内因为难以破除已有的发展路径依赖而陷于发展失速的境地。但从长期来看，先发地区综合实力的提升和区域内部一体化水平的提高无疑会为缩小整体区域发展差距奠定坚实基础。区域内部发展差距的暂时扩大是区域协调发展过程的重要阶段，这就要求区域协调发展战略要确保战略实施的长期性，对区域发展差距的暂时扩大应持理性和包容的心态，继续坚定不移地推动有助于缩小最终区域发展差距的战略举措。

（二）提高区域协调发展战略与区域重大战略的融合性

党的十八大以来，我国区域经济格局出现了重大调整和变革，有力地支撑了国家整体发展战略的高质量转型。以过去五年为例，我国统筹推进西部大开发、东北全面振兴、中部地区崛起、东部率先发展，加大对革命老区、民族地区、边疆地区的支持力度，深入推进京津冀协同发展、长江经济带发展、长三角一体化发展、粤港澳大湾区建设，推动黄河流域生态保护和高质量发展，高标准高质量建设雄安新区，支持经济困难地区发展，鼓励有条件地区更大发挥带动作用，在全国范围内不断推动形成更多新的增长极增长带。理顺区域协调发展战略与区域重大战略之间的关系，提高区域协调发展战略和区域重大战略的融合性，是深入实施并推动区域协调发展战略取得更大进展的重要前提。

一方面，要完善区域协调发展战略与区域重大战略的法律基础。无论是区域协调发展战略，还是区域重大战略，目前都面临法律基础缺失这一问题。例如针对区域协调发展战略，建议制定区域关系法，明确不同区域参与区域协调和一体化发展的义务和责任以及违反一体化发展原则所需要接受的具体惩罚；针对区域重大战略，建议制定区域战略法，明确区域重大战略的实施依据、实施过程与绩效评估办法，强化区域重大战略的制度基础，从而保障此类战略的资金支持和长期实施；针对区域战略的发展规划，建议制定区域规划法，提高区域发展规划的权威性和约束性，引导各次级区域按照发展规划来调整和优化自身发展战略。此外，也要立足整体国土空间开发保护目标，加快推动国土空间开发保护法、国土空间规划法等相关法律的制定与实施，为涉及空间的战略类型提供法律保障。

另一方面，要进一步出台针对不同区域战略的具体政策举措。从现有区域协调发展战略与各项区域重大战略的发展规划文本来看，我国的区域发展战略尚未进入具体的区域政策实施阶段，绝大部分发展规划的主要内容仍然聚焦该区域的发展方向与发展目标，缺乏具有针对性的区域政策体系。从推动区域协调发展战略与区域重大战略相互融合的角度看，只有真正进入到完全涉及区域利益变革的区域政策阶段，区域利益主体的真实行为决策机制才能显现。也只有在这种背景下，决定不同类型区域战略能否融合、如何融合的关键节点才会逐渐凸显，推动区域协调发展战略与区域重大战略的相互融合以及确保区域协调发展战略与区域重大战略的实施效果才有抓手。

（三）强化针对不同区域问题的政策举措的精准性

由于我国地域辽阔，不同地区所碰到的发展问题也不相同。未来促进区域协调发展，应立足于针对不同区域问题，加快制定更多具有精准性的区域政策体系。

针对大中小城市发展差距扩大的问题，应采取更多有力措施避免大中小城市的发展差距扩大速度加快，既发挥大城市的核心带动作用，也要着力增强中小城市的内生发展能力。一方面，要加快构建全国统一大市场。国家相关部门应紧扣实施全国统一的市场准入负面清单制度，消除歧视性、隐蔽性的区域市场准入限制，同时深入实施公平竞争审查制度，消除区域市场壁垒，打破行政性垄断，清理和废除妨碍统一市场和公平竞争的各种规定和做法，进一步优化营商环境，激发市场活力。与此同时，要完善配套政策，打破阻碍劳动力在城乡、区域间流动的不合理壁垒，按照建设"统一开放、竞争有序、制度完备、治理完善"的高标准市场体系的要求，推动京津冀、长江经济带、粤港澳等区域市场建设，加快探索建立规划制度统一、发展模式共推、治理方式一致、区域市场联动的区域市场一体化发展新机制，促进形成全国统一大市场，为各城市的发展奠定坚实基础。另一方面，加强区域合作互动，为中小城市发展提供更大的发展空间。要深化区域协调发展机制，建立中心城市促进引领都市圈、都市圈支撑城市群的合作发展机制，引导鼓励企业组建跨地区跨行业的产业、技术、创新、人才等合作平台。与此同时，要加强城市群内部城市间的紧密合作，推动城市间产业分工、基础设施、公共服务、环境治理、对外开放、改革创新等协调联动，加快构建大中小城市和小城镇协调发展的城镇化格局，充分利用各种渠道发挥大城市对中小城市的辐射带动作用。

针对南北区域差距逐步扩大，北方地区特别是东北地区发展乏力的问题，应立足于东北地区良好的基础条件，准确认识到全面振兴不是把已经衰败的产业和企业强行扶持起来，而是要有效整合资源，主动调整经济结构，形成新的均衡发展的产业结构。尤其要加强传统制造业技术改造，善于扬长补短，发展新技术、新业态、新模式，培育健康养老、旅游休闲、文化娱乐等新增长点。与此同时，东北振兴战略要以体制改革为突破口，加快构建有助于经济高质量发展的体制机制。一方面，要争取中央政府的大力支持，在对外开放领域获得更多的政策支持，打造对外开放新前沿。同时要加快转变政府职能，大幅减少政府对资源的直接配置，强化事中事后监管，给市场发育创造条件。另一方面，要加快完善市场营商环境，弘扬优秀企业家精神，高度重视人才和企业的作用，支持和爱护本地和外来企业成长。

　　针对资源型地区加快转型的问题，应进一步深化改革开放，依靠体制机制创新，统筹推进新型工业化和新型城镇化，培育壮大接续替代产业，加强生态环境保护和治理，保障和改善民生，建立健全可持续发展的长效机制，走出一条有中国特色的资源型城市可持续发展之路。第一，要坚持分类引导、特色发展。可根据资源保障能力和经济社会可持续发展能力对资源型城市进行科学分类，将资源型城市划分为成长型、成熟型、衰退型和再生型四种类型，明确不同类型城市的发展方向和重点任务，引导各类城市探索各具特色的发展模式。第二，要坚持有序开发、协调发展。牢固树立生态文明理念，加强资源开发规划和管理，严格准入条件，引导资源规模化、集约化开发，提高资源节约和综合利用水平，强化生态保护和环境整治，推进绿色发展、循环发展、低碳发展，实现资源开发与城市发展的良性互动。第三，要坚持优化结构、协同发展。坚持把经济结构转型升级作为加快资源型城市可持续发展的主攻方向，充分发挥市场机制作用，改造提升传统资源型产业、发展绿色矿业，培育壮大接续替代产业，加快发展现代服务业，鼓励发展战略性新兴产业，推进资源型城市由单一的资源型经济向多元经济转变。第四，要坚持民生为本、和谐发展。以解决人民群众最关心、最直接、最现实的问题为突破口，千方百计扩大就业，大力改善人居环境，加快健全基本公共服务体系，使资源型城市广大人民群众共享改革发展成果，促进社会和谐稳定。

第五章
推进高水平对外开放

党的二十大报告指出，"推进高水平对外开放。依托我国超大规模市场优势，以国内大循环吸引全球资源要素，增强国内国际两个市场两种资源联动效应，提升贸易投资合作质量和水平"①。国内、国际两个循环只有相互融合、相互促进，才能产生联动效应，增强发展动能。实现双循环相互促进，关键是国内、国际更密切的产业合作和市场融合。要实现这一目标，需要进一步推进高水平对外开放，吸引境外投资"走进来"，鼓励中国企业"走出去"。通过把"走进来"和"走出去"结合起来，深度嵌入全球产业体系。

一、以高水平对外开放服务构建新发展格局

（一）理论逻辑

推动经济高质量发展是全面建设社会主义现代化国家的首要任务。

---

① 习近平：《高举中国特色社会主义伟大旗帜　为全面建设社会主义现代化国家而团结奋斗——在中国共产党第二十次全国代表大会上的报告》，人民出版社 2022 年版，第32 页。

必须完整、准确、全面贯彻新发展理念，构建新发展格局，推动高质量发展。构建以国内大循环为主体、国内国际双循环相互促进的新发展格局，是积极应对国内外形势变化的主动选择和塑造中国经济发展新动能的必由之路。新发展格局是经济发展的动态刻画，是对发展动力结构的基本描述。马克思主义政治经济学原理指出，经济循环包括生产、分配、流通、消费四个环节。四个环节以货币为媒介，以商品（包括劳动力）交易为流通形式，涵盖了经济发展的全部内容，周而复始驱动着社会再生产。正是在不断的经济循环中，货币资本、生产资本、商品资本三种形式交替出现，供给和需求螺旋攀升，生产结构不断优化，产出数量和种类不断增加，物质财富不断丰富，人民对美好生活的向往不断得到满足。政治经济学理论表明，经济循环实际上构成了驱动经济发展的主要动力，经济循环是否畅通决定了经济发展的数量、效率和质量。

高水平对外开放对构建新发展格局意义重大。根据马克思的世界市场理论，资本的逐利扩张和工业技术进步促进了市场融合，国际分工、贸易和交换成为可能。分工与贸易是实现专业化的重要渠道，各国市场的融合扩大了市场范围，加剧了各国之间的竞争，促进技术创新和生产率进步。因此，生产力的进步和解放，既是世界市场形成的原因，同时也被世界市场所进一步推动。每个国家面临国内国际两个市场、两种资源，经济增长为国内、国际两个循环所驱动。内循环依赖于国内市场，以扩大内需和建设国内统一大市场为抓手。外循环则依赖于以吸引和利用外资、对外投资等方式参与国际市场分工与产业合作。没有高水平的对外开放，就没有动能强劲的外循环。习近平总书记强调："中国开放的大门只会越开越大。"① 构建新发展格局，就

---

① 《习近平谈治国理政》第三卷，外文出版社 2020 年版，第 210 页。

是要充分利用两个市场、两种资源，实现更加强劲可持续的发展。构建新发展格局，高水平对外开放是内在要求。2023 年政府工作报告将"更大力度吸引和利用外资"作为谋划发展的重要内容，提出"积极推动加入全面与进步跨太平洋伙伴关系协定（CPTPP）等高标准经贸协议，主动对照相关规则、规制、管理、标准，稳步扩大制度型开放"的重要意见。

（二）历史逻辑

改革开放以来 40 余年的发展经验表明，开放是国家繁荣的必由之路。中国是开放的受益者。通过开放，中国大踏步赶上了时代。改革开放前，因历史和现实的原因，我国劳动力资源禀赋突出，解放和发展生产力面临的主要矛盾是先进技术及管理经验不足。正是通过对外开放，引进外资和先进技术，中国深度融入全球产业分工，在劳动力丰富的禀赋优势支持下，形成原材料和销售市场"两头在外"，"来料加工、产品外销"的外循环发展模式，成为"全球工厂"。通过"两头在外"的发展模式，中国在短期内将人口红利转化为发展红利，取得外汇，从而购得他国先进机器设备，为发展本国工业产业提供条件和基础。此外，外资技术和管理经验的溢出也促进了中国的总体生产水平提升，而中国廉价的劳动密集型产品为劳动力价格较高的发达国家提供了福利和剩余。就这样，中国取得了经济迅速发展的成果，生产总值快速增长，人民生活水平不断提高，综合国力不断增强。开放带来进步，封闭必然落后，这是过去 40 多年来中国发展的基本经验。

习近平总书记在庆祝中国共产党成立 100 周年大会上的讲话中指

出，"改革开放是决定当代中国前途命运的关键一招"①。通过对外开放，我国大力吸引和充分利用外资，基本建立起了对外依存度较高的外向型发展格局，2006 年对外依存度达到 67%（基于国家统计局提供的数据，笔者测算得到）。2008 年，资本主义发展规律使然，发生了全球性的金融危机，世界经济陷入周期性大衰退大萧条。我国受到波及，外需萎缩，外循环乏力，进出口等外贸数据全面下滑，"两头在外、大进大出"的外向型经济面临动能不足的困境。为了应对国际金融危机，重塑经济发展动力，使经济免于硬着陆的风险，中央政府及时干预，以基础设施建设等扩大内需手段为抓手，迅速出台一系列积极财政政策和宽松货币政策，促进经济平稳、快速恢复。正是基于扩大内需的"一揽子"政策，中国经济迅速走出低谷，并在随后的2009 年和 2010 年扭转经济下滑趋势，成功应对国际金融危机。应对国际金融危机的历史经验表明，外向型经济更易受国际政治、经济形势和市场变化的影响，从而经济社会长期稳定发展面临隐患，以内需为主的发展格局更为有效、可控和安全。正如习近平总书记指出的，"大国经济的优势就是内部可循环"②。

需要指出，构建以国内大循环为主体、国内国际双循环相互促进的新发展格局，绝不是闭起门来搞发展。当下，我国仍是世界最大的发展中国家这一基本事实没有变。人民对美好生活的向往与发展不平衡不充分之间的基本矛盾，仍然要靠发展解决。通过对外开放和国际贸易加入世界分工来实现效率和专业化，仍然是解放和发展生产力的重要路径。通过扩大贸易和利用外资，加强外循环动力，来满足国内

---

① 《习近平谈治国理政》第四卷，外文出版社 2022 年版，第 6 页。
② 习近平：《论把握新发展阶段、贯彻新发展理念、构建新发展格局》，中央文献出版社 2021 年版，第 343 页。

需求和内循环顺畅，从而实现双循环相互促进，仍然是重塑发展动能的内在前提。没有高水平对外开放就无法构建双循环相互促进的新发展格局。

（三）现实逻辑

发展进入新阶段，中国经济的发展条件发生了变化，客观上对通过利用国内国际两个市场、两种资源推动高质量发展提出了新的要求。从国内形势看，我国已经打赢全面脱贫攻坚战，实现全面建成小康社会的伟大目标，社会基本矛盾已经转化为"人民日益增长的美好生活需要和不平衡不充分的发展之间的矛盾"，经济由高速发展阶段转向高质量发展阶段。从国际形势看，百年未有之大变局下，世界格局虽仍是"西强东弱"，但"东升西降"趋势明显且不可逆转，新兴市场和发展中经济体在全球经济中的份额不断提高，赶超态势明显，全球经济、政治、科技格局变化深刻复杂。近年来，受新冠疫情影响，世界经济萧条，贸易保护主义抬头，全球产业链供应链面临诸多风险。习近平总书记指出："近年来，随着外部环境和我国发展所具有的要素禀赋的变化，市场和资源两头在外的国际大循环动能明显减弱，而我国内需潜力不断释放，国内大循环活力日益强劲，客观上有着此消彼长的态势。"[①] 内外发展条件和自身发展阶段的变化客观上要求我们把发展重心放在国内循环上来，这是因时而变、因势而变、顺势而为、重塑我国国际合作和竞争新优势的战略抉择。

高水平对外开放是充分利用国际资源、国际市场的重要渠道，一方面是中国企业在全球范围内更高效率配置资源，实现创新的主要

[①]　习近平：《论把握新发展阶段、贯彻新发展理念、构建新发展格局》，中央文献出版社 2021 年版，第 372 页。

手段；另一方面通过高水平对外开放，更大程度吸引和利用外资。因此，是国内、国际两个市场联动和内、外循环相互促进、打造发展新动能的抓手。市场是最稀缺的发展资源，中国有 14 亿多人口的超大市场规模，这是中国发展的巨大资源优势和新发展格局的雄厚基础支撑。2020 年 7 月 21 日，习近平总书记在企业家座谈会上强调，"以国内大循环为主体，绝不是关起门来封闭运行，而是通过发挥内需潜力，使国内市场和国际市场更好联通，更好利用国际国内两个市场、两种资源，实现更加强劲可持续的发展"①。

二、推进高水平对外开放应把握好几对关系

（一）把握好政府与市场的关系

政府与市场之间的关系是经济理论和发展实践的永恒主题。自人类历史以来，市场就是解放和发展生产力最有效率的制度安排。正是借助市场经济，资本主义创造了前资本主义无法企及的先进生产力。改革开放以来，市场化所释放出的发展活力使中国取得不断发展的成就。然而，市场并非万能的，市场行为的自发性、盲目性及外部性，对政府的适当干预提出了要求。必须全面、辩证认识市场和政府之间的关系，"看不见的手"和"看得见的手"都要用好，才能保证社会主义市场经济沿着正确的方向不断前行。在中央全面深化改革委员会第二十三次会议上，习近平总书记指出，"发展社会主义市场经济是我们党的一个伟大创造，关键是处理好政府和市场的关系，使市场在

---

① 习近平：《在企业家座谈会上的讲话》，人民出版社 2020 年版，第 10 页。

资源配置中起决定性作用，更好发挥政府作用"①。推进高水平对外开放，必须坚持市场和政府的"辩证法""两点论"。

推进高水平对外开放应使市场在资源配置中起决定性作用。要坚持实施更大范围、更宽领域、更深层次对外开放，降低跨境资源配置门槛，促进国内外、境内外各类产品和要素市场深度融合，加速构建双循环相互促进的新发展格局。在推进高水平对外开放中充分发挥市场作用，关键是在法律框架内，降低外商来华投资、经营的制度成本，更大力度吸引外资，充分发挥外资对生产力的推动作用。当下比较重要的是严格落实放宽市场准入，取消、变更负面清单之外的外资准入限制，保障外资国民待遇。考虑到资本的黏合作用，资本和外汇等金融领域市场对外开放应有序展开。要放宽外资金融、研发、法务等机构设立限制，扩大外资相关机构在华业务范围，拓宽中外市场合作领域。同时，鼓励外资研发、并购、投资等市场行为，不断提高外资生产率和资本市场包容度，以高水平市场化推动高水平对外开放。

推进高水平对外开放要更好发挥政府作用。2021 年中央经济工作会议指出，社会主义市场经济中必然会有各种形态的资本，要发挥资本作为生产要素的积极作用，同时有效控制其消极作用。要为资本设置"红绿灯"，依法加强对资本的有效监管，防止资本野蛮生长。"红绿灯"观点，体现了党对资本的全面、辩证认识，是党领导社会主义市场经济的重要经验，为认识和规范各类资本，推动市场经济繁荣发展提供了方法论遵循。对外开放，即利用外资和对外投资，同样涉及资本。因此，"红绿灯"观点依然适用。红灯方面，要建立"准入负

---

① 《加快建设全国统一大市场提高政府监管效能 深入推进世界一流大学和一流学科建设》，《人民日报》2021 年 12 月 18 日。

面清单"，明确外资不得进入领域并严格落实，进一步提高对外资的监管效率。绿灯方面，要明确"内外资一致"的基本原则，全面贯彻《外商投资法》，清理、取消未纳入负面清单的限制措施。要强化知识产权保护，建立健全外商投资企业投诉受理机制并提高处理效率。要优化营商环境，保障外资平等参与市场竞争、政府采购、用地审批等资源获取。要适当引导外资进入高技术制造业等重点领域，提高对外资的吸引力和利用度，持续提升开放水平。

（二）把握好自力更生与对外开放的关系

统筹自力更生和对外开放，有着深刻的哲学内涵。内因和外因构成了事物发展的动力。所谓内因，指事物变化的内部原因，是事物自身的内部矛盾。所谓外因，指事物发展的外部原因，即一事物与其他事物之间的作用。马克思主义哲学指出，内因是事物发展的根本原因，外因是第二位的。但是，不可忽视外因的作用。在马克思主义的指导下，党领导革命、改革和建设的百年历程中，始终坚持自力更生、艰苦奋斗的光荣传统和优良作风，并适时作出改革开放的战略决策。将依靠自己勤劳奋斗和广泛吸收全人类优秀文明成果结合起来，是中国取得历史性发展成就的重要经验。自力更生与对外开放既对立又统一。全面统筹和把握，辩证看待二者之间的关系，是推进高水平对外开放的重要原则。

自力更生是对外开放的前提。对外开放是互惠共赢的市场行为。没有统一的国内大市场和强劲的内循环，就无法吸引和高效利用外资。中国作为有 14 亿多人口的超级大国，不可能依赖外部市场实现现代化，这是我国的基本国情。独立自主、自力更生是中国革命和建设长期实践经验的总结，是党一贯坚持的指导方针，无论过去、现在和将来，都是我们的立足点。当前，百年未有之大变局加速演进，逆全球化思潮抬头，单边主义、保护主义上升，世界经济复苏乏力，局部冲突和动荡频发，全球性问题加剧，世界进入新的动荡变革期。党的二十大报告指出，"坚持把国家和民族发展放在自己力量的基点上"。大国博弈激烈复杂，核心技术买不来、讨不到，必须靠自力更生。没有独立自主和自力更生，就不能在激烈的市场竞争中形成持久的核心竞争力，就无法应对接踵而至的风险挑战，对外开放也就无从谈起。因此，没有自力更生就没有高水平对外开放。

对外开放是增强自力更生能力的重要渠道。独立自主、自力更生不是自给自足。以开放促改革，以开放促发展，是推动我国经济社会发展不断取得新成就的重要法宝。实践中，每个国家处于不同的发展阶段，有不同的资源禀赋。通过国际贸易和市场融合，互通有无实现优势互补，是改善贸易双方福利、互惠共赢的重要手段。以国内大市场、国内大循环吸引全球要素，推动形成更高水平的对外开放新格局，是塑造经济新动能和竞争新优势的必由之路。基于高水平对外开放，以产业为纽带，发挥禀赋优势，坚定不移推进高水平双边、多边合作和经济全球化，逐步消除市场和技术壁垒，推动技术和市场互换，仍然是技术进步的重要源泉。通过构建互惠互利的经贸关系，充分利用国际市场来延伸和扩大国内市场规模，充分利用国际资源以更低价格、更高质量满足国内需求，是实现双循环相互促进的必然要求。

（三）把握好发展和安全的关系

习近平总书记指出："越是开放越要重视安全，统筹好发展和安

中国经济大船怎么开

全两件大事，增强自身竞争能力、开放监管能力、风险防控能力。"①
推进高水平开放要把握好发展和安全的关系，这是加快建设更高水平
开放型经济体的重要环节。

安全是发展的前提。没有持久的经济安全就没有发展的基础，对
外开放就是无源之水、无本之木。随着我国实施更大范围、更宽领
域、更深层次的高水平对外开放，我国对外开放的广度和深度得到全
面拓展，与世界经济深度融合。中国与世界的沟通互动愈频繁紧密，
国家经济安全面临的潜在威胁的态势就愈发严峻。无论是客观因素带
来的不确定性，还是主观因素导致的产业、技术、市场和资本金融风
险，都将对我国经济安全带来冲击。当下，中美博弈日趋激烈，保护
主义和单边主义抬头，我国发展面临的外部环境更加复杂多变。在高
水平对外开放中统筹发展和安全，要以制度建设为抓手，构建与高水
平对外开放相匹配的监管和风险防控体系。通过健全开放保障体系，
防范和管控资本跨境扩张带来的不利风险，防范和逆向调节世界经济
波动带来的冲击。

发展是安全的保障。没有高水平对外开放，发展就落后于世界。
没有强大的综合国力，安全也就无从谈起。通过高水平对外开放统筹
发展和安全，就是要在发展中实现安全，以发展筑牢安全屏障。以发
展促安全，关键是在独立自主、自力更生的基础上推进对外开放，修
炼好"内功"。要把握新发展阶段、贯彻新发展理念、构建新发展格
局，把发展重心转移到国内来，依托国内大市场，牢牢抓住扩大内需
这个战略基点。要扎实推进创新驱动发展战略、积极推进区域协调发
展，建设现代化经济体系，不断推动经济发展方式转变、经济结构优

① 习近平：《论把握新发展阶段、贯彻新发展理念、构建新发展格局》，中央文献出版社 2021 年版，第 412 页。

化调整和经济增长动力转换。要激发全社会创新创业活力，以国内大市场和强劲内循环不断吸引全球要素，以内循环促进外循环，形成双循环相互促进的新发展格局。

三、当前推进高水平对外开放的重点工作

（一）以高质量制度型开放引领新一轮高水平对外开放

制度型开放是一个新生事物，是进入新发展阶段，我国深入融入全球经济、参与国际竞争的需要和贯彻新发展理念、构建新发展格局的内在要求。2018 年中央经济工作会议指出："要适应新形势、把握新特点，推动由商品和要素流动型开放向规则等制度型开放转变。"与传统经济学理论所描述的产品、要素的跨境流通不同，所谓制度型开放，是指以规则、规制、标准等制度性因素为主要内容的开放措施。具体来说，就是对标国际市场，修改、废除不利于要素跨境配置的体制、机制、规则、标准，降低跨境贸易中不合理制度成本，推动更深层次、更宽领域、更高水平对外开放，促进投资更加便利、交易更加高效、监管更加透明。党的二十大报告要求，"稳步扩大规则、规制、管理、标准等制度型开放"。可以说，制度型开放本身是更深层次、更高水平对外开放的重要部分，也是更深层次、更高水平对外开放的制度要求。

以高质量制度型开放引领新一轮高水平对外开放，首先要促进贸易规则与国际接轨。规则和标准的差异是形成制度性贸易壁垒的重要原因，不利于国内外市场融合和"引进来""走出去"。《中华人民共和国国民经济和社会发展第十四个五年规划和 2035 年远景目标纲要》

提出了加快推进制度型开放的要求："构建与国际通行规则相衔接的制度体系和监管模式，实现更高水平市场融合。"基于世界贸易组织（WTO）规则的主要内容，对接国际通行贸易规则可以从如下几个方面入手。一是降低约束性关税水平，加强对外资的知识产权等合理权益保护。二是提高法律、规则透明度，加强投资和跨境贸易便利性，落实外资国民待遇。三是适度扩大外资进入领域，减少特定领域外资股权限制。四是前瞻性制定数字经济相关经贸规则。

以高质量制度型开放引领新一轮高水平对外开放，要积极参与国际经贸规则制定，努力把握规则制定主动权，输出有利于多边贸易和互助共赢的先进制度。当下，国际经济、政治格局发生深刻变化，多边贸易体制遭遇单边主义和贸易保护主义挑战，客观上对改变国际贸易规则提出了要求。我们应抓住机遇，积极参与，努力把握。基于"一带一路"高峰论坛等活动，提出共商共建共享的全球治理观，强化"一带一路"的全球平台属性和公共品属性。针对美国等西方国家对发展中国家和新兴经济体的贸易打压，中国要坚持更高水平对外开放，推动构建人类命运共同体。通过积极寻求和凝聚各国利益最大公约数，争取国际广泛认同，以国际经贸规则制定和重塑为契机积极参与全球治理，明确中国在全球治理体系中的地位和话语权，通过前瞻性实践探索主动为国际贸易规则制定贡献中国方案和中国智慧。

（二）打造一流营商环境，更大力度吸引和利用外资

外资企业是我国重要市场主体，外资经济是构建高水平社会主义市场经济体系的重要组成部分。更大力度吸引和利用外资，是高水平对外开放和构建双循环新发展格局的内在要求。外资企业的设立对东道国和企业本身具有双赢属性。外商投资的根本目的是通过借助东道

国市场、研发等资源实现盈利。作为东道国，可以获得技术、就业、财税等收益。营商环境是企业面临的重要外部环境，是影响企业决策的重要外部因素。优化营商环境的理论依据是通过调整不合理的生产关系解放和发展生产力。营商环境首先决定企业市场行为的制度性交易成本。优质的营商环境意味着明晰的政府定位，亲清的政商关系，从而可以有效降低企业与政府之间的沟通成本，有助于市场在资源配置中发挥决定性作用。营商环境越好，企业从事市场行为的交易成本就越低，用于市场经营的资源也就越多。改善营商环境已经成为吸引和利用外资的"牛鼻子"。

党的二十大报告指出，"营造市场化、法治化、国际化一流营商环境"。市场化、法治化、国际化三个标准，为打造一流营商环境，更大力度吸引和利用外资提供了根本遵循。市场化是打造营商环境的根本方向和要求。市场是配置资源最为有效的手段。所谓市场化，即推进简政放权和行政审批制度改革，实现审批便利化、成本最小化，最大限度减少政府对市场资源的直接配置，最大限度减少政府对市场活动的直接干预，保障市场在资源配置中的决定性地位，激发市场和社会发展活力。法治化，即以客观法律为准绳，对各类市场主体一视同仁，依法监督。通过法律严肃规范各类市场主体及政府行为，是厘清政府和市场间关系的重要保障。2019 年 2 月 25 日，习近平总书记在中央全面依法治国委员会第二次会议上提出，"法治是最好的营商环境"①。没有完备的法律制度和严格的法律落实，就没有市场在资源配置中的决定性作用。所谓国际化，就是持续深化对外开放，加快构建开放型经济新体制，降低内资走出去和外资走进来的制度性成本，

---

① 《完善法治建设规划提高立法工作质量效率　为推进改革发展稳定工作营造良好法治环境》，《人民日报》2019 年 2 月 26 日。

提高对外资的吸引力和利用率，以深度融入世界经济助力用好两个市场、两种资源。营商环境国际化是构建双循环相互促进新发展格局的关键环节。推进营商环境国际化，首要是在市场化、法制化基础上，对标国际高标准营商环境通行规则体系，建立与国际通行贸易制度、标准和规则相衔接的贸易制度体系。具体包括：便利外商贸易投资，简化外商投资流程；提高监管和服务效率，降低跨境通关成本；加强法制建设，提高政府行政规范性和透明度，保障各类市场主体合法权益；等等。

第六章
坚持创新驱动发展战略

创新是发展的第一动力，是生产力提升的关键要素，也是经济社会高质量发展的根本保障。党的二十大报告强调，坚持创新在我国现代化建设全局中的核心地位。坚持创新驱动发展，是在中国式现代化道路上，贯彻新发展理念、构建新发展格局的战略选择，是实现经济转型升级的必由之路，也是实现中华民族伟大复兴的内在要求。坚持创新驱动发展，就是要把科技自立自强作为国家发展的战略支撑，以更多的原始性创新和引领性创新引领经济社会的高质量发展。

一、新征程对创新驱动发展提出更高要求

党的十八大以来，以习近平同志为核心的党中央始终坚持把创新摆在国家发展全局的核心位置，始终坚持把科技自立自强作为国家发展的战略支撑，我国的科技实力和创新国际竞争力跃上新的大台阶。根据世界知识产权组织发布的全球各国创新指数（GII）报告，我国排名从 2012 年的第 34 位上升至 2022 年的第 11 位，成功进入创新型国家行列。全社会研发经费总额从 2012 年的 1 万亿元增加到 2022

年的 3.09 万亿元，研发投入强度 ① 从 1.91% 提升到 2.55%；基础研究投入从 2012 年的 499 亿元提高到 2022 年的 1951 亿元，占全社会研发经费比重由 4.8% 提升至 6.3%；研发人员总量从 2012 年的 325 万人年提高到 2022 年预计超过 600 万人年，多年保持世界首位；引用排名前千分之一的世界热点论文占全球总量的 41.7%，高被引论文占全球总量的 27.3%。我国科技实力已经进入世界第一方阵，正在迈向创新型国家前列。过去十年，科技事业取得历史性成就，发生历史性变革，正在经历从跟跑并跑向并跑领跑的格局性变迁。

当前，我国迈上全面建设社会主义现代化国家，向第二个百年奋斗目标进军的新征程，比历史上任何时期都更接近、更有信心和能力实现中华民族伟大复兴的目标。为实现这一目标，必须下大力气将经济发展的驱动力量从要素、投资转向创新，以更多的原始创新、整合创新和协同创新开辟发展新领域新赛道，打造发展新动能新优势。

（一）中国式现代化建设需要更多的科学技术解决方案

党的二十大提出，以中国式现代化全面推进中华民族伟大复兴。各个国家的现代化除了要遵循现代化的一般性规律外，更为重要的是要符合本国的实际、本国的国情。中国式现代化的特征表现为：人口规模巨大、全体人民共同富裕、物质文明与精神文明相协调、人与自然和谐共生以及走和平发展道路。西方发达国家都没有能够实现这样的现代化，在实现经济增长的过程中没有解决好包容性增长的问题，收入差距过大、社会阶层固化、社会思想分裂等问题始

---

① 研发投入强度是研发经费占 GDP 的比重，是衡量一国创新投入大小的重要指标。

终没有很好的解决方案。同时，西方发达国家还面临着非常严峻的可持续发展的挑战，绿色发展、低碳发展的要求同以化石能源为基础的工业体系之间的矛盾始终存在。中国式现代化要走出一条创新、协调、绿色、开放、共享的高质量发展道路，要在人口大国实现共同富裕，要在发展过程中保有"绿水青山"，必须向科技创新要答案，以新的科学技术、产品服务、商业模式来满足人民日益增长的美好生活需要。

（二）百年未有之大变局下应对风险挑战需要科技自立自强

当前，国际环境错综复杂，世界经济长期低迷，新冠疫情的影响仍在持续，地缘政治的不确定性大大增加，全球产业链供应链正在经历从全球一体化到全球多点布局的深刻调整。科技创新成为国际战略博弈的焦点领域，围绕关键核心技术和下一代新技术制高点的国际竞争空前激烈。美国将中国视为最大的战略竞争对手，认为中国在科技领域的快速进步已经对美国在全球范围内的技术领先优势构成严重威胁，所以要采取一切必要措施阻止中国的技术升级。近年来，美方不断将经贸问题政治化，滥用、泛化国家安全概念，1000多家中国企业受到制裁或限制。中兴通讯、华为公司等一大批中国企业遭遇美国制裁后，业务发展受到严重影响的事例一再证明，如果科技不能自立自强，关键核心技术不掌握在自己手里，规模再大、市场份额再高也不能保证企业的安全经营，就像把高楼大厦建在沙滩上，房子再大再漂亮也经历不了风浪。只有不断增强中国在全球的技术话语权，始终坚持自立自强的科技发展总目标，才能在风云变幻的国际战略博弈中提升发展的主动性、安全性和自主性。

二、遵循创新活动规律抓好创新

以创新驱动发展，走一条高质量、集约型、高效率的发展道路已经成为共识。但是，创新驱动发展战略在实施中仍然存在不少问题，诸如原始创新能力不强、创新体系整体效能不高、科技创新资源整合不够、科技人才队伍不足、科技评价体系不完善、科技创新文化氛围不浓等等。这些问题很多是长期存在的老问题，虽然各方面为了解决问题下了很大决心，做了很多努力，改革取得了一些进展，但是总体上改革的成效同创新驱动发展战略的要求还有不小的差距。这说明创新体系和创新生态的建设是一个系统工程，创新活动有其内在的规律，必须正确认识和科学把握这些规律，防止急功近利和急于求成，既积极作为、加快推进，又循序渐进、行稳致远。

（一）创新是从知识创造到经济价值实现的完整过程

经济学家熊彼特在 1912 年出版的《经济发展理论》一书中提出了创新理论。他认为，经济发展不是由资本积累、劳动积累推动的量变过程，而是一个质变的非连续性过程，经济发展在某个历史时期会被创新推动而产生质变。他引入创新（Innovation）概念，并指出创新不同于发明（Invention）。发明是首次提出一种新产品或者新工艺的想法，而创新是首次尝试将这个想法付诸实施。在大多数情况下，两者有着明显的时间差。这种时间差反映出"提出想法"和"实施想法"是不同的活动，要求也不同。发明可能发生在任何地方，而创新虽然可能发生在其他组织里，但主要还是发生在企业里。为了阐释创新的具体内容，他还提出了五类创新，即引入新产品、采取新生产方式、开发新市场、使用新材料及其来源和运用新组织形式。

熊彼特强调创新活动是由特定的人群——企业家所执行的。为了能将发明转化为创新，企业通常需要将各种知识、能力、技能和资源组合起来。熊彼特认为，创新是企业家的"灵魂"所在，企业家的职能就是对各种创新要素进行组合。重要的是，企业家必须克服心理和社会的阻力，坚持运用新方法产生"新的组合"。从这个意义上说，创新发端于科技进步，但要经过企业家的努力，最终转化为被市场接受的产品和服务，产生市场价值。

（二）创新驱动必须构建国家创新体系

英国科技经济学家克里斯托夫·弗里曼首先提出了国家创新体系理念，指出一个国家的经济发展取决于科技创新，政府和市场协同发力的国家创新体系是支撑科技发展的关键所在。所谓的国家创新体系可以被定义为由公共部门和私营部门的各种机构组成的网络，这些机构的活动和相互作用决定了一个国家扩散知识和技术的能力，并影响国家的创新表现。国家创新体系中企业是技术创新的主体，大学和科研院所是创新的重要来源，教育和培训是知识传播、流动、应用和再生产的主要环节，制度安排是各个主体活动的外部环境支撑。国家创新体系的根本任务是使得创新各要素之间能够良性互动，从而提高国家创新能力和创新效率。创新要素主要包括知识资本、人才资本、金融资本。这三大资本在科技创新制度的安排下，良性互动、相互作用，最终形成科技创新的成果，带动经济社会发展。

高效的国家创新体系既需要政府作为制度提供者、基础研究资助者和创新使命的引导者有效发挥作用，也需要市场充分发挥对资源配置的决定性作用，将创新要素的活力和潜力充分发挥出来。具体来说，高效的国家创新体系包括四大构成要素：一是国家发展科技教育的坚强决心和长期战略。二是科技投入强度和效率。从国家层面要支持基础研究和教育事业，从市场层面要有高水平的资本市场组织社会资源投资科技发展。三是拥有高素质的人才队伍。科技创新要依靠大批聪明且勤奋的创新人才，包括战略科学家、科技人员、企业家、大国工匠等。四是需要有求真求实、勇于冒险和追求卓越的科学精神、企业家精神和工匠精神。

（三）自立才能自强，关键核心技术必须自主创新

虽然技术创新永远伴随着技术扩散，但是技术创新的先行者总是要通过各种经济和非经济手段设置各种障碍保持其技术优势和战略优势，关键核心技术"买不来、要不来、讨不来"。习近平总书记明确指出："我国发展到现在这个阶段，不仅从别人那里拿到关键核心技术不可能，就是想拿到一般的高技术也是很难的……所以立足点要放在自主创新上。"① 必须集中力量打好关键核心技术攻坚战，引导和组织优势力量下大力气解决一批"卡脖子"问题，加快突破基础软硬件、先进材料、核心零部件等方面的瓶颈制约，努力实现关键核心技术自主可控。超前部署前沿技术和颠覆性技术研发，为解决事关长远发展的问题提供战略性技术储备。

（四）科技创新要重视开辟新领域新赛道

创新分为延续性创新和突破性创新，不同类型的创新对竞争格局

---

① 中共中央文献研究室编：《习近平关于科技创新论述摘编》，中央文献出版社 2016 年版，第 50 页。

的影响具有重大差异。延续性创新有利于现有领先企业，先行者优势明显；突破性创新更有利于后发企业。技术突破在很大程度上是黑箱，单项技术的产生具有一定的随机性。通常很难预测何种技术会成为主导技术，更不能预测哪种技术会在什么时间出现。但从整个国家和全社会层面看，整体技术进步又具有某种确定性，如果在各个领域进行技术创新和研发投入，那么新的技术进步会以一定的速度出现。重大的技术进步存在着更多的不确定性和难以预测的特征，但对于大多数技术进步，包括技术改进和新产品的开发，通常的情形是，如果研发投入增加，获得一定程度上的技术进步的可能性必然相应提高。对于一个社会而言，虽然不能期望创新会自然而然到来，但是可以对创新的实现做各种可能的积极准备，研发投入和相应的充分准备总会带来一定数量的技术创新。

三、实施创新驱动发展战略面临的主要问题

（一）原始创新根基不牢

原始创新发轫于长期的基础研究积累。习近平总书记指出："我国面临的很多'卡脖子'技术问题，根子是基础理论研究跟不上，源头和底层的东西没有搞清楚。"[①] 基础研究提供"科学资本"，它最大的意义在于为科学和技术建立通用知识基础。没有这个基础，一个国家就不能拥有长期独立的经济发展。一个在新的基础科学知识方面依赖别国的国家，在世界贸易竞争中将处于不利地位。历史发

---

① 习近平：《在科学家座谈会上的讲话》，人民出版社 2020 年版，第 7 页。

展表明，科技强国无一例外都是基础研究强国。除了投入不足和投入分散重复之外，我国基础研究还存在三个比较突出的问题：一是基础研究与产业创新分离，很多从事基础研究的科学家不了解国家和产业的需求。二是基础研究多数以课题形式推进，强调课题进程管理和课题目标的实现以及能否结项，对于国家战略目标实现程度跟踪评价相对弱化。三是受短期利益的驱使，部分本应该从事基础研究的大学和科研院所热衷于技术或产品开发，造成基础研究主体实际上的缺位。

（二）高质量创新人才供给不足

虽然我国有数量庞大的人力资源，但创新人才供给还远远不能满足创新驱动发展战略的要求。战略科技人才、科技领军人才等拔尖创新人才数量低，成为原始创新、颠覆式创新发展的瓶颈；技术驱动型企业家队伍还需壮大，市场驱动型企业家的技术素质有待提高；熟悉创新管理流程、知识产权保护与应用的科技组织人才匮乏；风险投资和创新组织管理人才不足，高端制造和智能制造的工程师和产业技术人才有效供给不足；科技创新投入上重物轻人，对人才的激励和约束双重不足；以应试为导向的教育模式不能适应创新驱动发展对创新人才的要求。

（三）创新体系没有形成"科学发现—技术发明—产业应用"的闭环

各类创新主体功能定位存在错位，创新资源分散、重复、低效。产学研之间、各部门各地区之间、中央与地方之间、军民之间的协同创新还需要深化。从源头上看，我国高校多数科研成果基于科研兴趣或者前沿热点跟踪，真正能转化为现实生产力的优质成果并不多。很多科研成果躺在实验室里"沉睡"，成果变为"陈果"。企业不仅仅是技术研发主体，也是最大的技术应用和扩散主体，但我国企业研发能力普遍较弱，技术的吸纳和承载能力严重不足，不能将高校或科研院所不太成熟的成果消化吸收，造成供给与需求不能匹配，科技成果不可避免地陷入了"死亡之谷"。国有企业创新动力尚未得到充分激发，这是我国迈进创新型国家前列的现实短板也是未来潜力之所在。虽然绝大部分国有企业都不同程度地开展了科技创新活动，集成创新、系统整合能力比较强，但在基础研究和应用研究领域依然投入不够。同时企业科技创新各自为战、自设壁垒、自成体系、低端重复的现象还比较普遍。从科技成果转移转化平台看，近年来，政府、高校、科研院所和企业联合共建了多种形式的协同创新平台，但由于政策不连续、平台自身定位和运行机制不明晰，运行效果不太理想，基础研究与工程应用没有实现有效衔接。高校、科研院所、企业与投资机构共同参与成果转化和技术创新方面，还存在一定的制度性障碍。

（四）推动科技创新的制度环境有待完善

创新创业还存在不少有形和无形的障碍，市场准入、资金配置、人才流动等方面还不够顺畅，创新生态系统有待完善。体制机制创新相对滞后，与创新驱动发展的要求还不能完全适应。国家出台的一些鼓励创新的政策举措还没有完全落实，不同层级、不同部门缺乏统筹衔接，存在政策"打架"和"碎片化"现象。政府治理能力还不能完全适应创新发展的迫切要求，例如科研项目和资金管理水平还有待提升，正确的科技评价导向尚未完全确立。

四、完善创新生态系统，深入实施创新驱动发展战略

创新是个复杂的系统工程，是一个生态系统，是由各个创新主体、创新环节和创新因素组成的相互联系的生态链，需要包括政府、大学、科研院所、企业等在内的各个主体发挥合力，需要完善的激励体制、要素市场化配置以及各项制度安排。

（一）强化战略科技力量，筑牢科技自立自强根基

战略科技力量，是具有使命担当，能够引领科技前沿和集聚各类创新要素的战略性科技研发队伍，是科技创新的国家队。例如国家实验室、国家重点实验室、国家工程研究中心、国家技术研究中心等。国家战略科技力量使命明确，应该在前沿性关键技术基础研究和应用开发中发挥关键作用。优化战略科技力量的资源配置，引导和组织优势力量聚焦国家战略需要，加强"卡脖子"技术背后的科学原理、理论源头研究，强化对关键核心领域通用技术 ① 的研究。

首先，以国家实验室建设为牵引提升国家战略科技力量整体效能。众多创新型国家都有发达的高水平国家实验室，例如美国的阿贡国家实验室、德国的亥姆霍兹研究中心、英国的卡文迪许实验室等等。这些国家实验室虽然战略目标、管理模式、运行机制各不相同，但都具有很强的引领性、战略性、综合性、开放性和学科交叉性，在

---

① 通用技术是对众多产业产生深远影响的技术，能够不断改进并持续降低用户成本，具有极强的技术扩散性，进而进一步推动新的创新。20 世纪的每一项通用技术都离不开政府长期且大规模的投资，例如航空技术、空间技术、信息技术、因特网技术以及核能技术。

基础研究、前瞻性研究、颠覆性技术创新方面成果丰硕。我国需要统筹协调国家实验室与国家重点实验室的关系，系统梳理和评估各类国家战略科技力量的研究基础、学科优势、人才分布，进一步整合现有的国家重点实验室、国家工程实验室、国家技术创新中心和国家工程研究中心，在充分调研和论证的基础上，聚焦国家战略目标，适度控制数量，本着协同、开放、共享原则，优化布局结构，构建高水平国家实验室体系。一方面要有稳定持续的财政资金支持；另一方面要运用市场手段创新运行机制，赋予国家实验室充分自主权，创新政策先行先试。

其次，加强基础研究，提升基础研究能力和水平。其一，合理布局科学研究的方向。未来科学技术路线已经不是从基础研究、应用研究到试验开发的线性模式，而是体系化的交叉融合一体化路线。因此，必须按照体系来布局科学研究，真正实现知识与应用的贯通。其二，要为基础研究提供稳定的资金支持，适当提高基础研究在全社会科研总投入的占比。其三，推动基础研究与应用研究、产业应用的信息交流互动。现代的创新体系是基础研究、应用研究和产业开发相互不断碰撞互动的产物，现实的需求激发研究的兴趣，研究的成果在现实中找到应用场景并且不断迭代优化。

（二）正确处理政府与市场的关系，构建核心关键技术攻关体制

从根本上来说，新型举国体制是一种坚持党对科技创新工作的集中统一领导，围绕国家重大战略任务，体现国家意志，动员和协调全国有关力量，充分发挥市场在资源配置中的决定性作用以及更好地发挥政府作用，集中力量完成关键核心技术突破的科技创新组织体系。新型举国体制的"新"体现在三个方面：一是新的目标定位，即要在

对经济社会发展有重要影响力的科技变革热点领域掌握关键核心技术，抢占国际科技竞争制高点；二是新的核心任务，即关键核心技术的突破不仅要形成实用的技术方案，而且必须经过市场检验，得到用户的认可，具备市场竞争力；三是新的资源配置方式，即市场在资源配置中起决定性作用，政府更好地发挥调控作用。

首先，在借助新型举国体制突破关键核心技术过程中要做好统筹谋划，集中全国研究之力推动重大基础研究。基础研究目标要从跟随世界科技前沿转向开辟科技前沿，有敢为天下先的勇气和魄力，成为原始创新的策源地。国家财政资金要长期稳定支持国家战略科技力量的基础研究工作，持续聚焦关键核心技术背后的基础科学和工程问题。

其次，必须聚焦国家重大科技项目，集中技术攻关之力。国家从突破关键核心技术的需要出发，部署一批国家重大科技项目，形成关键核心技术开发的任务清单。以技术开发任务为牵引，以国家战略科技力量为龙头，调动全国乃至全世界高校、研究机构、企业等各方力量，形成各展所长、协同攻关、开放合作的创新体系，加快技术创新和突破的速度。在国家重大科技项目实施中，要强化企业作为创新主体的作用，从"卡脖子""等米下锅"等应用问题出发，更有效地确立科技项目的完成目标和时间要求。鼓励企业积极参与国家重大科技项目，通过集中攻关找到突破关键核心技术的解决方案。

再次，必须传递国家意志，集中市场应用之力。我国拥有的超大规模市场，是推动关键核心技术产业化应用的最大优势。要通过政府的规划、政策、法令等手段将国家意志转换为市场的价格信号，提高企业技术创新的积极性，变"要我创新"为"我要创新"。政府大力组织关键核心技术的早期应用示范项目，推动技术在应用中不断迭代升级，不断优化性能，提高稳定性和安全性。要借助大规模的市场应用大幅度降低新产品的生产成本，降低用户使用新技术的门槛，让新的技术标准更快地成为市场主流技术标准。

最后，新型举国体制，最核心的是要处理好政府与市场的关系。不是过去简单地靠国家计划来配置创新资源，而是在政府主导下充分发挥市场整合国内、国际创新要素的效率优势，形成导向明确、优势互补、系统集成、富有活力的体制机制。政府与市场的关系不是此消彼长的关系。市场在资源配置中起决定性作用，恰恰需要政府在其他领域发挥重要作用，从而解决市场失灵和外部性等问题。在关键核心技术攻坚上，必须充分发挥政府战略引领、战略规划、资金支撑和资源调配等方面的作用，同时利用市场化手段加大人才的吸引力、打造关键核心技术的需求拉动力，发挥政策链、创新链、资金链和产业链的协同力。

（三）强化企业创新主体地位，激发企业创新活力

首先，用强大的市场优势为科技自立自强提供动力。市场规模越大，创新成本越低。我国对科技创新的需求空间巨大。通过构建新发展格局，培育国内市场规模，用我国超大市场规模优势推动创新型国家建设。新发展阶段，我国要紧紧抓住国内大市场不放，紧盯市场需求，围绕产业链布局创新链、资金链，用需求拉动科技创新，最大限度实现创新价值，提高经济社会发展质量，保障国家安全。因此，要打破制约创新的行业垄断和市场分割，纠正地方政府不当补贴以及利用行政权力限制、排除创新产品应用等行为，为产业发展营造公平的市场环境。建立以创新为导向的政府采购和招投标制度。破除创新产品使用业绩门槛，切实解决创新产品"进入难""中标难"的问题。推

动我国先进技术和标准的输出，将其作为对外合作战略的重点。加快新型基础设施建设，加快推广应用场景，从而带动技术扩散和应用。

其次，应进一步完善技术转化转移机制。以利益共享、产权保护为核心，打造链接国内外技术、资本、人才等创新资源的技术转移转化网络系统，推动科技与经济社会发展的深度融合。充分认识和尊重技术型无形资产的特点和属性，进一步释放科技成果转移转化潜力。科技成果只有被利用，形成生产力，创新活动才有价值。

最后，鼓励颠覆式创新，重视渐进式创新。所有重大创新都是根本性技术突破和累积的渐进式创新相结合的产物，颠覆式创新是非连续性出现的，渐进式创新是创新活动的常态，两者不可或缺。

（四）完善体制机制，提升科技创新治理现代化水平

首先，增强顶层设计，提高创新生态整体效能。避免产业抓产业、科技抓科技、企业抓企业等单兵作战，形成合力，构建高质量创新治理体系。系统梳理完善科技创新政策，增强科技政策与其他政策的衔接性、协同性、一致性，真正实现产业链、创新链、资金链、政策链、人才链之间的畅通无阻和深度融合。

其次，以人为本，完善科技创新评价体系。对于基础研究而言，要消除交叉学科壁垒，避免频繁考核，改进评价体系核心指标构成，强调原创性、前沿性和战略性，实现从评数量到评质量的转变；对于应用研究和技术开发来说，更加注重成果本身质量（如技术先进性和市场适用性）、转移转化率以及产生的经济社会价值等。对于从事科技成果转移转化的科技人员，应与研发人员一视同仁，给予同样的激励政策，评估时要突出其为科技成果转移转化提供的服务和转移转化后实现的价值。压减奖励数量，构建以质量为导向的奖励制度，端正

科技评价目的，建立评审信誉体系，提高评价的公信力。

再次，弘扬以科学家精神和企业家精神为代表的创新文化。创新的基础是科学发现和技术研发，科学精神、工匠精神、合作精神和担当精神都是创新文化重要的组成部分。创新文化是激发创新动力、滋养创新人才、支撑创新战略的根基和土壤。要从基础教育抓起，从娃娃抓起，在全社会弘扬科学家精神和企业家精神。激励和引导大批的科学家、企业家、科研人员、技术骨干、管理人才提出新想法，开辟新领域，开发新技术，培育新优势。

最后，构建科技国际合作新机制。自立自强绝对不是"关起门搞创新"，自立自强与开放合作不是对立关系，而是辩证统一的。改革开放 40 多年来，中国的科技创新从来都不是封闭式的，今后也不会关起门来自己搞创新。走开放创新之路，学习、吸收、借鉴全球科技成果，同时也向世界分享更多的中国科技成果，在维护国家安全的基础上拓宽国际科技创新合作广度和深度，为全球创新发展贡献中国智慧。谋划"以我为主"的国际合作计划，鼓励科学家积极参与有重大影响的国际合作计划。提高我国科技创新的影响力，一方面要在已有国际组织中更好地发挥作用；另一方面要重视在新的科技领域和交叉领域发起建立新的机构，提高我国的国际科技治理能力。

第七章
积极的财政政策要加力提效

2022 年中央经济工作会议明确提出，要坚持稳字当头、稳中求进，积极的财政政策要加力提效。2023 年《政府工作报告》对实施积极的财政政策作出了具体部署。对此，如何真正理解"力"与"效"的内涵，科学精准实施积极的财政政策，保持经济运行在合理区间就显得尤为重要。

一、2022 年财政政策实施成效显著

党的十九大以来，面对世纪疫情和百年变局交织的严峻形势，积极的财政政策持续加码发力，更加注重精准施策、提质增效，财政支出强度持续加大，基本民生保障坚实有力，财税体制改革纵深推进，推动经济社会发展行稳致远。在过去的 2022 年，积极财政政策加大实施力度，一系列稳增长政策与接续政策出台并迅速落实，确保了我国经济基本盘更加扎实稳固。

（一）经济恢复发展，相关税种收入提升

总体来看，2022 年，全国一般公共预算收入 20.37 万亿元，比上

年增长 0.6%，扣除留抵退税因素后增长 9.1%。全国税收收入 16.66 万亿元，比上年下降 3.5%，扣除留抵退税因素后增长 6.6%；非税收入 3.71 万亿元，比上年增长 24.4%。

从税收收入看，2022 年全国税收收入下降 3.5%，但扣除留抵退税因素后增长 6.6%。受国内外多重因素影响，第二季度经济下行压力加大，叠加实施大规模增值税留抵退税政策，税收收入一度大幅下滑。下半年随着稳经济"一揽子"政策措施逐步落地见效，经济活力总体上有所恢复，总体呈回稳向上态势，最终全年相关税种均实现不同程度增长，2022 年国内增值税扣除留抵退税因素后增长 4.5%，国内消费税大幅增长 20.3%。

从非税收入看，2022 年全国非税收入增长 24.4%。其中，中央非税收入增长 96.5%，扣除特定国有金融机构和专营机构上缴利润入库等特殊因素后，中央非税收入增长 3% 左右。地方非税收入因地方多渠道盘活闲置资产以及与矿产资源有关的收入增加等因素推动，增长达到 17.8%。

（二）财政支出稳步增长，重点领域支出得到有力保障

从财政支出看，2022 年各级财政部门加强财政资源统筹，保持必要支出强度，大力优化支出结构，科技、民生等重点领域支出得到有力保障。2022 年全国一般公共预算支出突破 26 万亿元，比上年增长 6.1%，民生等重点领域支出得到有力保障。其中，中央一般公共预算本级支出 3.56 万亿元，比上年增长 3.9%；地方一般公共预算支出 22.5 万亿元，比上年增长 6.4%。

积极的财政政策持续加强基础性、普惠性、兜底性民生建设，2022 年全国教育、社会保障和就业、卫生健康支出以及污染防治和农村环境整治资金，分别增长 5.5%、8.1%、17.8%、13.8%，人民生活持续改善。需要强调的是，2022 年全国科学技术支出突破"万亿"，达到 10023 亿元，同比增长 3.8%，有力保障基础研究、关键核心技术攻关等资金需求。在增加支出的同时持续优化政策供给，将科技型中小企业研发费用加计扣除比例提高至 100%，完善支持创新的政府采购等政策，推出支持企业创新的阶段性减税政策，诸多步步加力的税惠政策持续赋能市场主体创新发展，为更多企业创新研发、提升竞争力增添底气，有效增强了我国产业链供应链韧性。

（三）减税降费政策成效显著，基层财政运行平稳

2022 年我国减税降费超 4.2 万亿元，创历史新高。其中增值税留抵退税约 2.46 万亿元，超过 2021 年办理留抵退税规模的 3.8 倍，力度为近年来最大。全国 10 万户重点税源企业，每百元营业收入税费负担下降 2.7%。我国税收收入占 GDP 的比重下降至 13.8%，剔除大规模留抵退税一次性因素影响以后，税负水平约在 15%。2022 年出口退税 1.62 万亿元，考虑动用以前年度结转资金等因素后，全年实际办理出口退税 1.87 万亿元，有力促进外贸出口稳定增长。与此同时，各级财政部门坚决执行各项降费缓费政策，持续整治涉企收费，防止乱收费、乱罚款、乱摊派，地方行政事业性收费收入下降 4.1%。一系列减税降费"组合拳"在减轻企业负担、激发创新活力、优化经济结构、促进居民消费等方面发挥了重要作用。

2022 年我国积极发挥转移支付等财税政策作用，全力保障基层财政平稳运行。中央对地方转移支付规模 9.71 万亿元，增加 1.42 万亿元，增长 17.1%。近 5 年来累计对地方转移支付规模达 40.66 万亿元，年均增长 8.4%，为基层"三保"提供有力保障。同时，将与县

区财政运行密切相关的资金纳入直达机制范围，支持兜牢兜实基层"三保"底线，并加强地方财政运行监测预警，支持地方防范化解风险，为经济社会大局稳定奠定坚实基础。

二、积极的财政政策"力""效"内涵

积极的财政政策是对抗经济风险的有力手段与工具，在经济下行压力加大的大环境下，其有效运行也面临着诸多制约因素。因此，必须要更为准确地把握积极财政政策的"力"和"效"，充分发挥其政策效果。

（一）2023年积极财政政策面临的制约因素

1. 财政收支矛盾引发财政可持续性问题

2022年，疫情冲击超过预期，经济下行压力加大，楼市低迷，叠加超过4万亿元减税降费政策实施等因素影响，财政收入有所下滑，财政支出较快增长，全年财政收支平衡压力进一步加大。综合近5年数据来看，财政收支缺口逐步增大，财政收支矛盾日益突出，财政可持续性面临多重挑战。

一是税收负增长依赖非税收入弥补。2022年全国一般公共预算收入增长0.6%，其中税收收入下降3.5%，而非税收入大幅增长24.4%，一般公共预算收入质量下降，与此同时大规模减税降费政策的实行也使得财政收入增长阻力较大。二是财政支出刚性增长。财政收入增长遇阻的同时，财政支出规模却在不断加大，且多为无法缩减的刚性支出，如医疗、养老等民生支出，随着我国人口老龄化加快，

未来这些重点领域支出保障难度将持续增大。三是地方债还本付息压力突出。2022 年各省份债务规模增速明显超过 GDP 增速和财政收入增速，偿债负担加大，财政可持续性将继续下降。

2. 前期积极财政政策遗留问题

前期所实施的积极财政政策在达到政策目标的同时，也留下了一些"后遗症"，这导致当前阶段既是"积极财政政策实施期"，也成为"前期刺激性政策的消化期"。

（1）债务风险。为应对 2008 年国际金融危机，我国政府施行积极的财政政策，制定了 4 万亿元投资刺激经济计划，此后我国债务总规模呈现快速扩张态势，特别是地方融资平台呈爆发式增长，地方政府进入了"债务—投资"的驱动模式。截至 2022 年底，全国地方政府债务余额已达 35.06 万亿元，与 2017 年底相比，债务规模翻倍，此外还有大规模数量不明确的隐性债务。防范化解地方政府债务风险已成为未来一段时期内经济工作的重点。

（2）财政投资的"挤出效应"。挤出效应是指政府支出增加所引起的私人消费或投资降低的效果。虽然从传统宏观经济学角度来说，我国金融市场利率一直没有完全市场化，政府支出的增长通常不会引起利率水平的上升，因此中国并不存在宏观经济学意义上的挤出效应。但从我国的宏观数据来看，2022 年我国民间固定资产投资 31.01 万亿元，增长 0.9%，而 2021 年增速为 7.0%，对比下滑严重。

3. 部分积极财政政策工具的传导机制不顺畅

在经济下行压力加大的特殊形势下，财政政策中的减税降费和地方政府专项债等政策发挥了重要作用，但由于政策工具传导机制受限，其对经济增长的支撑效果也比较受限。

（1）减税降费政策效果有限。2022 年我国增值税留抵退税总规模达到 2.46 万亿元，对于改善部分企业的现金流极有效果，但对缓解疫情冲击作用有限。主要原因在于：在疫情影响下，大部分企业面临需求不振、订单萎缩，退税对于缓解这类困难的作用有限；针对中小企业的减税措施在企业缺少订单、营收受损、盈利困难的前提下也难有增量效果；同时疫情导致的停工损耗了一部分居民收入，针对企业的退税措施无法直接惠及居民。多重因素交织下致使减税降费政策对于提振经济效果有限。

（2）专项债政策效能受阻。2022 年全国共发行新增地方政府专项债券 4.04 万亿元，较去年增长 12.67%。管好用好专项债券资金是 2022 年财政工作的主要任务之一，但现实情况则是由于缺少能够满足较为严格的财务收益和绩效评价要求的优质项目，可使用专项债的项目越来越少；同时一些地方为了多争取专项债资金，在申报时考虑不足，获得资金后因环保、用地、规划等方面的评估问题而导致项目无法开工或停止实施，降低了专项债对投资的支撑作用，致使专项债资金闲置，造成了"钱等项目"的问题。虽然 2020 年后国家扩大了专项债的使用范围，提出在适当的情况下专项债可作为重大项目的资本金，但这也意味着专项债现金流自求平衡这一硬约束的实际效力在逐步被削弱，专项债和一般债呈趋同态势，趋同的最终结果将是地方政府专项债也将面临着债务可持续性的问题。

（二）准确把握积极的财政政策"力"和"效"

1."力"的内涵

积极的财政政策的"力"，是指所推出的财政政策的扩张力度，属于"总量扩张"维度。"力"的恰当与否，需要明晰财政的扩张力度与财政的可持续性之间对立统一、相辅相成的辩证关系。一方面，财政提高扩张力度是特定发展阶段的需要。赤字率和负债率的提高，虽然一定程度上意味着财政运行风险的提高，但这却是财政发挥应有功能应作出的努力。另一方面，赤字率和负债率必须控制在保障财政稳定可持续运行的合理区间内，超出这个合理区间，积极财政政策的应有功能便会落空。因此，把握好积极的财政政策的"力"，就必须掌握好扩张与安全的尺度。

为了应对外需下行和总需求不足，2023年适度提高了赤字率和债务率：2023年赤字率拟按3%安排，财政赤字3.88万亿元，较2022年适度扩大了财政赤字规模；2023年拟安排地方政府专项债券3.8万亿元，较2022年增加了1500亿元，总发行规模在控总量、防风险、调结构、促平衡的基础上保持稳定的同时适度扩大。合理的财政扩张力度，既弥补了财政资金不足，又保证了适度财政支出规模提振社会消费，拉动内需刺激经济。

2."效"的内涵

积极的财政政策的"效"，是指所推出的财政政策的政策效能，属于"结构优化"维度。提"效"既是高质量发展的内在要求，也是促进经济复苏的直接需要。在有限的财政支出条件下，若要更好地保障经济运行在合理区间，提"效"显得尤为重要、尤为紧迫。把握好积极的财政政策的"效"，必须在增强政策精准度和优化支出结构上狠下功夫。

在增强政策精准度上，就是要做到政策"靶向"发力、资金"精准滴灌"、投资有效"输血"。要进一步完善减税降费措施，为企排忧、助企纾困、惠企发展，突出对中小微企业、个体工商户以及特困行业的支持，保证他们既要"活下来"，还要"走起来"；要聚焦制造业高质量发展、科技创新，让专精特新企业和制造业"跑起来"。

在优化支出结构上，要加力支持有效投资、引导消费增长、促进配套改革、完善社保体系，通过专项债、贴息等政策工具，发挥"四两拨千斤"的乘数放大作用，更加鲜明地支持重点领域发展、优化结构，有效带动扩大全社会投资，促进消费。同时加强财政、货币、产业、科技、社会政策的协调配合，形成政策合力，推动经济高质量发展。

三、加力提效下的积极财政政策选择

积极财政政策加力提效，就是要做好"量的合理增长和质的有效提升"，通过质的有效提升引领量的合理增长，通过量的合理增长支撑质的有效提升，最终实现财政政策更高质量的实施、更有效率的运行、更可持续的发展。

（一）"稳"字当头，做好"六稳""六保"工作

2022年中央经济工作会议强调，要坚持稳字当头、稳中求进，并要突出做好稳增长、稳就业、稳物价等工作。当前，精准实施积极的财政政策，要在"稳"的前提下在重点领域重要方面提升效能，注重精准，把握好度，实现稳中求进的要求。

第一，积极推出有利于经济稳定的政策措施。要把做好"六稳""六保"工作作为落实积极财政政策加力提效的着力点和支撑，充分激发财政资金的杠杆效应和财政政策的激励导向作用，打出政策"组合拳"，进一步完善税费政策；打好资金"金算盘"，大力优化支出结构；守牢社会民生"底线关"，加力支出强度，促进经济社会平

稳运行。

第二，发挥财政稳投资促消费作用，促进恢复和扩大消费。在提高就业率、推动稳定就业、依靠就业创造收入的同时，加大社会保障、转移支付等调节，多渠道增加居民收入，特别是提高消费倾向高、但受疫情影响大的中低收入居民的消费能力。从供给端入手，通过压缩流通环节支出、减免租金等方式支持中小企业和个体工商户，进而增强消费能力。继续支持各地实施县域商业建设行动，鼓励各地区对绿色智能家电、绿色建材、节能产品等予以适当补贴或贷款贴息，充分挖掘县乡消费潜力。

第三，强化政府投资对全社会投资的引导带动。政府投资要讲究绩效，向资金使用效益高的地方倾斜，鼓励和吸引更多民间资本参与。进一步放宽扩大民间投资范围政策限制，优化投资环境，保护民营企业家权益，激发民营企业活力，发挥财政政策对民营经济的托举作用。适度放宽国家重点建设项目或地方重点建设项目对民间投资的准入限制，降低隐性门槛，对民营企业一视同仁、平等对待；吸收民间投资参与基建与新基建项目，补充项目资本金，加快项目落地步伐。加大对民营企业的减税退税支持力度，增加对民营企业贷款的财政补贴力度，落实好民企各项纾困政策，加强涉企违规收费整治，减轻民营企业负担。

（二）"进"字为要，适度扩大财政支出规模，推动财力下沉

第一，强化财政资源统筹，增强财政可持续性。健全财政性资源统筹管理，将所有财政性资源，逐步创造条件，适时全部纳入财政统筹管理的范围，促进资源的统筹使用。继续加强政府预算体系的统筹，进一步探索一般公共预算、政府性基金预算、国有资本经营预算

与社会保险基金预算之间的有机衔接制度。对于收入较稳定的政府性基金，要及时纳入一般公共预算管理；国有资本经营预算应将更多的收入转入一般公共预算，与社会保险基金预算的资金联系必须通过一般公共预算进行，保证财政资源的真正统筹配置。

第二，在支出强度上加力。统筹宏观调控需要和防范财政风险，在2022年全国财政支出增长较大的基础上，2023年优化组合财政赤字、贴息等政策工具，给一般预算增加资金来源，适度扩大财政支出规模。要坚持"集中财力办大事"，在打基础、利长远、补短板、调结构上加大投资，在压减一般性支出的同时，增强重大战略任务财力保障。财政管理更加精细化，实施全方位、全覆盖、全过程预算绩效管理，不断提高财政资金配置效率和资金使用效益。

第三，最大限度下沉财力，加大中央转移支付力度。鉴于近年来地方财政困难的现实情况，中央财政要继续加大对地方的转移支付力度，根据预算报告，2023年中央对地方转移支付10.06万亿元，增长3.6%，还将一次性安排支持基层落实减税降费和重点民生等专项转移支付5000亿元，这将有力提高地方财力保障水平，增强地方财政可持续发展能力和公共服务提供能力，缓解区域间经济发展不平衡、财力分配不平衡等问题。

第四，进一步完善财政资金直达机制，推动财政资金直达机制制度化。财政资金直达机制提高了宏观政策落地时效，提高了财政资金发力的精准性和使用管理的规范性。下一步，在直达机制常态化运行的基础上，应及时总结提炼"财政直通车"开行经验，将行之有效的做法上升为制度规定，促使财政资金直达机制的运行方式与现有转移支付制度更好融合，不断优化财政保障能力。在适度扩大采用资金直达方式的财政支出范围的同时，把握好直达机制的政策有效性边界。

在直达资金的使用上，要聚焦基层"三保"、产业发展和重大项目建设，根据实际情况灵活安排，促进转移支付资金规范高效使用。

（三）"准"字发力，优化财政支出结构，提升财政政策各项措施落地效率

第一，大力优化支出结构，坚持有保有压。要坚持"保重点、压一般"的原则，进一步大幅压减非急需非刚性支出，坚持党政机关过紧日子、节用为民，从严控制一般性支出，加强"三公"经费预算管理，努力降低行政运行成本，集中财力保障各项重点支出。要针对当前存在的财政支出结构固化问题精准发力，坚决取消不合理支出和无绩效支出，切实将该减的项目减下来，集中财力保障科技攻关、基本民生、乡村振兴、生态环保、区域协调等重点领域投入。

第二，盘活存量财政资金。要尽快清理、压缩财政结余结转资金，对各类项目分情况分进度及时合理调整预算执行安排。要加强国库资金管理，巩固清理整顿财政专户成果，进一步精简压缩专户数量，强化财政专户结余资金管理。同时还应保障财政资金使用效益和安全，将保障资金安全、加快预算执行进度和提高财政资金使用效益有机结合起来，在保证安全的基础上提高资金使用收益。

第三，进一步完善减税降费政策。2022年实施的部分组合式税费政策已延续至2023年底，税费政策的后续增量空间相对有限，进一步发挥助企纾困政策的实际效果需要适当优化、创新税费政策。首先，作为宏观经济政策的重要组成部分，积极财政政策有必要承担起推动社会融资成本下行的部分责任，继续增加财政对企业信贷的贴息支持，尤其是强化对制造业、科技创新、社会保障、"三农"、中小微企业与个体工商户等重点领域与薄弱环节的政策支持。其次，要加强税收优惠政策宣导，精简减税退税审查程序，提高审批效率。与此同时要持续加强涉企违规收费整治，2022 年市场监管部门涉企违规收费专项整治为市场主体减负 27.9 亿元，2023 年要进一步巩固整治乱收费成果，及时解决市场主体反映的突出问题，坚决制止乱收费、乱罚款、乱摊派，健全长效监管机制，大力提振市场主体信心。

（四）"严"字托底，严肃财经纪律，防范化解地方政府债务风险

第一，加强财会监督，严肃财经纪律。2023 年 2 月印发的《关于进一步加强财会监督工作的意见》，为财会监督搭建了"四梁八柱"。财政部门要按照意见要求，发挥牵头作用，统筹各监督主体力量，协调推动形成财政部门主责监督、有关部门依责监督、各单位内部监督、相关中介机构执业监督、行业协会自律监督的"全方位"财会监督体系，完善各监督主体横向协同、中央与地方纵向联动的工作机制。要坚持把推动党中央、国务院重大决策部署贯彻落实作为财会监督工作的首要任务，聚焦减税降费、党政机关过紧日子、加强基层"三保"、加强资产管理、防范金融债务风险等重点开展监督，严肃财经纪律。

第二，在专项债投资拉动上加力，适当扩大专项债投向领域和用作资本金范围，持续形成实物工作量和投资拉动力。首先，要确保融资和收益平衡这一"硬约束"不能被打破；其次，要将资金用在"刀刃"上，要在打基础、利长远、补短板、调结构上加大投资，加快实施"十四五"重大工程，加强交通、能源、水利、信息等基础设施建设，确保政府投资力度不减的同时带动扩大社会投资，推动经济运行整体好转；最后，要适当提高资金使用集中度，优先支持成熟度高的项目和在建项目，并与政策性开发性金融工具项目做好衔接。同时，要强化部门协同，做好专项债项目前期准备工作，提高项目储备质量。

第三，坚决遏制增量、化解存量，防范化解地方政府债务风险。一方面，要压实省级政府防范化解隐性债务主体责任，加大存量隐性债务处置力度，优化债务期限结构，降低利息负担，稳步推进地方政府隐性债务和法定债务合并监管，稳妥化解存量。另一方面，要严堵违法违规举债融资的"后门"，禁止各种变相举债行为，着力加强风险源头管控，逐步剥离政府融资功能，加快推进地方政府融资平台转型，防范地方国有企事业单位"平台化"，严格地方建设项目审核，管控新增项目融资的金融"闸门"，坚决遏制增量。与此同时，要坚持系统观念，密切关注相关领域风险隐患，严防金融、产业等领域风险向财政转移集聚，牢牢守住不发生系统性风险底线。

第八章
稳健的货币政策要精准有力

货币政策是我国宏观经济调整的基本工具，该政策不仅关系到总体价格稳定，还与财政政策相互协调，对我国经济增长与产业结构调整产生影响。另外在经济国际大循环与"一带一路"建设过程中，推动人民币国际化进程。新冠疫情对我国经济产生了很大的冲击，中央银行坚持稳健货币政策，表现在我国宏观经济层面上一直维持温和通货膨胀，没有像西方主要经济体那样出现严重通货膨胀。在财政端，为平抑疫情冲击，我国实行适度宽松的财政政策，造成政府财政赤字增加。与之配合，中央银行更多依靠国债为货币发行的价值锚进行货币发行，从而维持着 2015 年以来较低的国债收益率。

一、现阶段我国货币政策目标

我国货币政策目标是："保持广义货币供应量和社会融资规模增速同名义经济增速基本匹配"。广义货币并不仅取决于中央银行所发行的高能货币，还取决于经济增速。一般来说，高经济增速能创造较多的广义货币，低经济增速创造较少的广义货币。现阶段我国经济增长已由高速增长转向中高速增长，这意味着在保证价格稳定以及广义货币增速与经济增速相匹配的前提下，高能货币增速无法再维持高增长阶段时的高增速。从真实经济方面看，自 2012 年以来，我国高能货币增速也出现相应下降，体现出我国货币政策长期相对稳健。

在稳定经济波动层面，是否能通过货币政策平抑波动值得深入探讨。短期货币政策调整与长期价格稳定相互冲突，财政政策调整也会造成财政的"动态不一致"，破坏已经形成的预期，因此计划部门需谨慎进行短期政策调整。在实操平抑经济波动层面，货币政策与财政政策一起进行相机抉择，维持长期货币总量稳定也是对财政政策的约束。中央银行货币目标是广义货币与经济增速相一致，这意味着在执行这一目标时，经济增速是可知并可测量的。但在实操层面上，我国潜在经济增速并不是长期基本保持不变的，现阶段我国经济长期增速处于下降路径，由于我国长期稳态增速并不明确，真实经济增速路径也不可知，无法做到在增速下降路径中实现该目标。由于价格是可观测的，通过广义货币实现逆周期调节应基于价格稳定基础之上。

二、现阶段我国货币政策及其经济效应

虽然在理论层面上，货币发行的真实福利效应是中性的，但在真实经济层面，一国的货币发行未必是中性的，这取决于：一是该国货币发行的具体机制，二是该国货币是否是国际货币且该国货币是否对外输出。

在后布雷顿森林体系下，中央银行所发行的信用货币本身不再具

有价值，其仅用于交易，由于交易本身不创造价值，因此信用货币最终会导致货币中性效应。但当货币政策与公共财政联系在一起时，货币政策也会出现非中性效应与福利改善。在竞争性经济中，由于要素边际产出递减的特性，任何经济政策都不可能长期改变经济收敛的特征，但当要素具有非排他性时，合意的公共政策会产生福利改善效应。在我国，非排他性要素往往来自公共部门，公共部门的非排他性要素供给往往来自税收，这导致计划者需考量合适的税收，在税收不足以覆盖公共性支出时，势必产生政府债务；在财政部门与中央银行进行债务—货币发行协调时，债务往往需要通过货币发行得以实现，该机制将会导致比仅有财政政策时更高的资本边际收益，其代价是经济中出现通货膨胀。第二个货币福利效应是来自外国个体长期持有本国货币，而这些外国个体所持有的货币需使用外国产品与服务进行交换并用于本国生产与消费，从而造成福利改进。

自 2010 年起，我国国际收支盈余持续减少（具体体现在国际收支盈余与产出占比持续降低），从而减少了来自外汇对冲所产生的货币发行。针对此问题，中央银行增加了来自国债的资产规模，自 2015 年起，由国债所背书的货币发行持续增加，如果计划者能把债务安排在合意经济部门，我国货币政策会配合财政政策产生一定福利效应。另外，我国在这种货币发行机制下，通货膨胀会长期存在，而且通货膨胀会在消费者与生产者之间进行分配，由消费者所承担的通胀本质上是某种形式的对生产者减税并造成生产者真实资本边际产出的提高，从而这种分配还能进一步提高真实资本收益率，进而在一定程度上提高经济增长率。由于通货膨胀与长期真实增长存在此种关联，因此中央银行的精准货币政策不仅应考虑经济增长还需考虑通胀结构问题。

（一）我国货币政策与长期真实增长路径

货币政策是否"中性"，主要是看货币在经济中所起到的作用。当货币是交易媒介时，货币并不直接进入生产，导致货币对真实产出是中性的；另外即使货币政策会造成经济暂时性配置扭曲，竞争性经济也会保证经济最终处于最优配置。上述结论成立的关键之一是经济是否是竞争性的，当生产要素具有可积累特征时，要素有关时间的排他性消失，此时竞争性经济中会出现类似正外部性特征，当计划者对这类具有正外部性要素进行积累时，经济不再回到竞争，经济存在正外部性要素的持续增长；可见当货币政策能配合计划者在正外部性要素领域的积累时，货币政策会导致竞争性经济出现非中性的特征。在货币非中性时，货币发行实际上可以理解为财政政策的某种工具，具体来说，货币政策是税收分配的手段，在公共领域投入既定的情况下，家庭持有货币事实上造成一部分税负从生产者转移至家庭，造成生产者真实资本存量临时性提高，从而提升经济增长。

我国改革开放以来经历了40多年的中高速增长，人均资产存量得到很大提高，但相比于发达经济体，人均资本存量仍处于较低水平，可见我国经济增长同时来自资本相对稀缺与正外部性所产生的效应，这造成我国真实经济增长快于发达经济体。但从长期看，我国经济增长势必收敛到稳态增长水平。在此情况下，中央银行在价格稳定目标下，货币发行增速势必出现长期走低的现象；随着体现经济增长的真实利率长期走低，中央银行所能影响的贷款市场报价利率（LPR）也将长期走低。由于前文所提及的货币政策非中性特征，因此市场利率将收敛到比竞争性经济市场利率更高的水平。

（二）我国货币政策的相机抉择

中央银行货币政策逆周期调节的本质是平抑经济波动，然而此政策需建立在经济周期可知基础上才能有效实行。在经济周期可知情况下，经济人（包含计划者）的配置会自动消除经济周期。以厂商为例，当其知道未来其产品真实价格上涨时，会自动增加其要素投入增加产品供给，进而降低了产品未来价格；在要素市场中，以劳动力市场为例，当劳动力知道未来劳动力真实价格下跌时，会降低劳动供给，从而提高劳动力的边际报酬使未来劳动力价格下降。这就是说只有在经济周期未知情况下，才可能存在经济周期。具体到中央银行货币政策，经济冲击未知并对经济产生效应时，中央银行相机抉择的货币政策才能平抑当期经济波动。

以疫情冲击为例，在疫情发展未知情况下，中央银行配合财政政策实行一定的宽松政策才能平抑疫情所造成的经济波动。我国所实行的疫情相机抉择政策与外国并不完全相同。以美国为例，美联储在疫情后实行超宽松货币政策，造成通胀，对全球形成美元铸币税；而我国在财政端实行宽松财政政策，对生产者减税降费，在货币端实行稳健货币政策。由于实行减税降费与疫情对产出造成的冲击，财政债务势必增加，这些累积的债务如果无法用未来财政收入进行对冲，则会由货币部门进行对冲。有理由预期：未来中央银行无法长期保持稳健货币政策，后疫情时代的经济复苏还会导致货币流速增加，从而形成一定通货膨胀压力。

（三）精准的货币政策与产业结构调整

新发展阶段，我国事实上需要通过科技创新、绿色经济完成高质量发展，产业结构调整会造成资本逐步从低资本边际产出领域转向高资本边际产出领域，另外产业结构调整也体现出长期经济增长趋势。在以货币定价的体系下，货币流向事实上体现出产业结构调整。

高质量发展要求我国的产业结构从传统竞争性产业、依赖要素消耗所推动的发展逐步转向以科技创新、绿色经济所推动的新发展模式。具体体现在依靠数字经济、信息化、智能化所带来的正外部性推动与绿色经济所创造的低能耗、低污染对负外部性改善所推动的高质量发展。近年来，中央银行使用定向降准、定向中期借贷便利（TMLF）、再贷款、再贴现等结构性货币政策工具，精准加大对民营、小微企业等重点领域和薄弱环节的支持力度。2020年推出3000亿元抗疫专项再贷款、5000亿元复工复产再贷款再贴现和1万亿元普惠性再贷款再贴现，创新普惠小微企业贷款延期支持工具和普惠小微企业信用贷款支持计划两项直达工具，有力支持了统筹疫情防控和经济社会发展。值得注意的是，虽然现阶段中央银行的货币政策与财政政策愈发紧密，中央银行的独立性也会对财政政策形成一定的约束，防止过度财政赤字货币化，维护货币定价的稳定。

中央银行的货币政策也应配合国家产业结构调整，做到货币政策精准有效。在实操层面上，货币创造来自中央银行和商业银行，货币政策精准效果需同时考虑两者的货币创造效应。为平抑经济波动，中央银行对某些部门有偏的货币创造是需要其他部门配合才能产生相应后果；竞争性经济中，其他政策部门保持不变情况下，有偏的货币政策最终的效果也很难对产业结构调整产生根本影响。

三、新发展格局下我国的货币政策及其机制

在新发展格局下，我国通过"一带一路"建设等战略打造高水平开放，加快人民币国际化进程，中央银行不仅要对内保持物价稳定，还要保持币值稳定，使人民币汇率保持在合理均衡水平。中央银行以"保持货币币值的稳定，并以此促进经济增长"为目标。经济增长体现真实财富的增加，在开放条件下，国际收支盈余产生意味着需要用真实财富流向国外进行对冲，这虽然增加了未来对外购买力，但在信用货币体系下，很难保证当期既定货币的未来购买力不贬值，所能观察到的普遍情况是：外国中央银行会发行较多货币引起通货膨胀并造成既定信用货币购买力的下降。从 2010 年起，我国国际收支盈余一产出比持续降低，这逐步改变了我国货币发行机制，货币发行逐步由外汇对冲转向以国债、专项债为价值锚定的方式。

新冠疫情以来，我国经常性项目出现大幅盈余，以 2022 年为例，商品贸易盈余为 6856 亿美元顺差，同比增长 22%，服务贸易逆差 943 亿美元，同比下降 6%。而同期我国外汇储备并没有出现相应增加，考虑到 2022 年美元兑其他主要货币是升值状态，造成我国以美元计价的国际储备出现下降，但仍不足以解释为什么如此大幅经常性项目盈余没给国际储备造成明显变化。唯一的解释是我国资本项目存在大幅流出，假设我国外汇储备中 60% 由非美元资产构成，考虑非美元资产以美元定价出现 15% 的贬值，那么由美元升值所引起的外汇储备降低额也不到 3000 亿美元，再考虑到我国国际储备余额的变化，由货币项目流出的国际储备会接近 4000 亿美元。从长期看，人民币国际化会造成我国不需要大额国际储备，且在汇率稳定的条件

下，我国货币政策也会存在一定的溢出效应，这就需要加强国际间货币政策协调，通过人民币国际化加快我国对外产业的布局与建设。

人民币国际化势必会造成外国经济体持有人民币，这部分货币很可能会在我国资本市场形成购买，这就要求我国不仅要建立公平的金融制度，还要进一步完善资产的定价机制，减少开放条件下本国资产的流失。另外，我国合理均衡汇率的制定需同时考虑内外经济均衡，且两者相互交织。在配合财政政策保持经济稳定增长前提下，货币政策对内部均衡的实现应配合以价格稳定，这种价格稳定不仅会稳定国内生产、投资与消费的预期，使内部经济循环不受国内货币冲击的影响；还会在外部经济循环中，通过合理均衡汇率稳定国际收支。值得注意的是，经济外部部门不只是出口部门，还有进口部门与对外投资部门，对出口部门有利的汇率水平会伤害到进口部门和对外投资部门，并对本国产业结构与福利产生扭曲与负效应。在2015年汇改后，人民币汇率弹性不断加大，虽然通过弹性汇率减少了经济配置的套利机会，但也使内外经济波动联动，因此在稳定经济增长的基础上，需加强稳定汇率机制的形成。具体而言，要加强套期保值、远期结售汇等工具市场建设，使外向部门能够锁定远期价格；加强人民币跨境支付、投融资、储备和计价等国际货币功能。

四、高质量发展阶段我国货币政策的构建

党的二十大报告明确指出："高质量发展是全面建设社会主义现代化国家的首要任务。发展是党执政兴国的第一要务。"我国发展的总体目标需要通过中国式现代化来实现。中国式现代化要求经济政策

调控的现代化。货币政策不同于产业政策，其具有非排他性与公共特征，经济发展需要正外部性部门的积累所带来福利水平的持续提升。实现高质量发展，不仅要"充分发挥市场在资源配置中的决定性作用"，也要"更好发挥政府作用"。即我国经济发展不仅体现出竞争市场配置的帕累托最优特性，还应体现出政府积极参与经济决策，以克服市场失灵并保证经济福利持续提高。

（一）高质量发展阶段精准稳健货币政策的实现条件

第一，单一的货币政策无法全面完成宏观经济调整，需要与其他政策相互协调才能完成。相比于其他政策，货币政策在竞争性环境中明显具有同质性特征与整体性特点。考虑到信用货币本质为一般等价物，是交易媒介，并不直接参与经济资源配置，因此"价格稳定"应是稳健精准货币政策的核心。在竞争性经济中，价格稳定最好表现为"无通货膨胀"；当经济具有非竞争性部门时，货币政策和其他经济政策才有存在的必要，此时货币政策应与其他经济政策相互配合。非竞争性经济政策可分为两种：第一种是如何保证经济正外部性的长期存在与经济增长，第二种是如何降低经济负外部性与消除异质性从而引起福利提升。不管政策设计者如何针对上述两种非竞争性环境，货币政策都会使货币停留在经济之中，形成通胀税。值得注意的是，此时货币政策的本质是部分替代财政政策实行经济调控，货币政策的经济福利改善不仅局限于类似财税政策的福利效应，还存在于这部分通胀税如何在非竞争性部门、竞争性部门间与家庭、厂商之间的分配，此时虽然价格并不稳定，但稳定的通胀水平依然会形成福利改善。因此中央银行的价格目标应与财政政策搭配，确立合意价格水平与通胀率，明确中央银行和财政部门的税收分配，既要防止财政赤字货币化，又要维护金融货币市场稳定。

第二，货币政策调整经济是通过交易形式完成的，在我国明显具有中央计划者以及货币调整所需支付的交易成本前提下，直接指导具体经济配置的政策由其他部门完成，稳健精准的货币政策应体现在价格稳定方面，因此中央银行通过完善货币供应调控机制，精准反映当期与预期价格，保持货币供应量和社会融资规模增速同名义经济增速基本匹配。考虑到我国经济长期成长趋势，中央银行要防止"大水漫灌"导致经济配置扭曲与严重通胀，也要防止货币紧缩所产生的价格不稳定与合意通胀税的降低。

第三，精准结构性货币政策的实行最终是通过价格机制影响经济配置，竞争性经济机制能参考稳定的价格体系自动完成经济结构调整，因此在竞争性环境下，商业银行的信贷结构势必体现经济中的资本收益率。在经济结构调整过程中，公平的货币政策及商业银经济行为已经充分体现经济结构，经济结构的调整并不需要货币中介部门直接参与完成，结构性货币政策工具体系虽然能替代部分其他经济调控部门的作用，但考虑到货币调整的渠道与路径，这种货币调节机制未必是最有效的。另外，虽然通过差异性货币政策能影响经济结构，这种影响并没有福利增加效应仅具有福利分配作用，而福利分配作用在竞争性环境中只能造成福利扭曲，如房地产领域中的差异性货币政策只会增加房地产调控的难度。只有在与其他公共经济政策部门协调的前提下，结构性的精准货币政策才会具有福利效应，如中央银行加大对科技创新、绿色发展等部门的金融支持是因为这些部门明显具有公共性特征。

第四，稳健精准货币政策实现的前提是健全市场化利率并明确其传导机制。市场利率包含当期资本收益率与时间贴现、资本折旧率的预期利率形成信息，中央银行通过公开市场的短期利率和以中期借贷便利的中期利率予以体现当期与预期利率，充分实现利率市场化调节配置作用。由于利率水平体现未来经济成长，因此中央银行一定要在明确长期经济成长与短期经济冲击的前提下，对利率进行相机抉择调整，从而体现货币政策与经济增长相一致原则。

第五，在人民币汇率市场化改革中，我国合理均衡汇率的制定需同时考虑内外经济均衡。在人民币逐步国际化前提下，货币政策需相机抉择中短期内外部均衡，稳定国内生产、投资与消费的预期与合理均衡汇率。

（二）高质量发展阶段我国货币政策需要构建长效机制

第一，由于货币具有非排他性，即货币对所有经济交易个体都具"均等性"特点，不存在货币持有者所持有的相同货币具有不同定价的特征，货币政策与其他公共政策相互协调配合是推动经济长期增长的制度保障。

第二，由异质性所造成的经济福利配置扭曲可通过异质性财政手段得以消除，而很难通过统治性货币政策来消除。以经济政策调节收入分配与共同富裕为例，由于个体异质性存在，通过竞争市场配置所得到的收入不同，此外不同个体之间根据自身所选择的劳动—闲暇比例也会有所不同，对提供较多劳动的个体进行收入调节势必会破坏市场的帕累托配置与效率，国家可设计针对此异质性特点的差异性财税政策予以直接调整，而无须通过货币政策在货币市场进行间接调整。

第三，在相同外部条件下，异质性经济福利水平低于同质性经济福利水平，在保证竞争性经济福利水平进一步提高的前提下，也可通过税收—货币手段消除个体异质性从而提升经济整体福利。在具体操作原则方面，一是通过税收调节异质性收入，二是通过公共服务实现均等化与货币同质性特点在非排他性公共部门形成公共要素长期积累，实现全体人民共同富裕取得更为明显的实质性进展。

个体收入可分为两部分，一是来自异质性个体劳动所产生的异质性收入，二是来自公共品所产生的同质性收入，在第一类收入方面，政策当局可对异质性收入采取合意的财政手段，在保证竞争性市场配置效率的同时消除异质性从而提升福利；在第二类收入方面，如前文所述，货币政策可与其他经济政策进行搭配，保障同质性收入长期增长，进而保证我国在收入分配领域坚持公平分配的原则，体现出由公共服务均等化所带来的收入也能公平分配。如此，高质量发展阶段我国货币政策的长效机制就可以构建起来了。

第九章
社会政策要兜牢民生底线

2022 年中央经济工作会议提出："社会政策要兜牢民生底线。落实落细就业优先政策，把促进青年特别是高校毕业生就业工作摆在更加突出的位置。及时有效缓解结构性物价上涨给部分困难群众带来的影响。加强新就业形态劳动者权益保障，稳妥推进养老保险全国统筹。推动优质医疗资源扩容下沉和区域均衡布局。完善生育支持政策体系，适时实施渐进式延迟法定退休年龄政策，积极应对人口老龄化少子化。"治国有常，利民为本。为民造福是立党为公、执政为民的本质要求。坚持在发展中保障和改善民生，在共同奋斗中创造美好生活，是我们党践行使命宗旨，不断实现人民对美好生活的向往的必然要求。

一、党的十八大以来我国在保障和改善民生方面取得的成绩

经济发展的步伐快于社会建设的进程，是世界上大多数发展中国家的普遍现象，而利用经济建设取得的成果来反哺社会建设的不足，逐步实现社会生活各个方面的现代化也是世界主要发达国家共同的经验。党的十八大以来，我国在保障和改善民生方面取得了一系列突出

成绩，人民生活水平不断改善，获得感、幸福感和安全感持续提升。

（一）进一步完善和优化社会保险制度

党的十八大以来，我国社会保险制度在已有的政策体系下不断优化和完善。通过合并城乡居民基本养老保险制度，建立机关事业单位养老保险制度，形成了面向企业职工、机关事业单位职工、城乡居民三大群体的完整养老保险制度体系，企业职工养老保险正在走向全国统筹。通过整合城乡居民基本医疗保险制度，确立了由面向职工与居民的两大制度构成的中国基本医疗保险制度，职工医保统筹层次提升和个人账户改革均迈出关键性步伐，药品招采走向常态化制度化。在不懈努力下，我国社保参保人数和范围持续扩大，全国参加基本养老保险的人数从 2012 年的 7.9 亿人增长到 2021 年的 10.3 亿人，按月领取养老金的人数从 2 亿人增长到近 3 亿人，进入了老年人皆享养老金的时代。目前，参加基本医疗保险的人数超过 13.6 亿人，全民医保目标已经基本实现。与此同时，社会保险待遇稳步提高。从 2012 年到 2021 年，企业退休人员月人均养老金从 1686 元增长到 2987 元，城乡居民月人均养老金从 82 元增长到 179 元，增幅分别超过 77%、118%。医疗保障待遇持续提升，职工、居民医保政策范围内报销比例分别达到 80% 以上和 70% 左右。

（二）进一步发展和优化社会救助制度

国务院于 2014 年发布了《社会救助暂行办法》，优化了社会救助制度体系，建立了临时救助制度，并推动建立分层分类社会救助体系，使社会救助制度更加完善。通过制定社会救助行政法规和出台新的改革方案，建立了以最低生活保障为核心，包括专项社会救助、急难社会救助以及社会力量参与补充的完整的社会救助制度体系。2021年，全国 4680 多万困难群众纳入低保或特困供养，全年实施临时救助 1089 万人次，社会救助制度实现了应救尽救。与此同时，我国社会救助水平也在稳步提升，城乡居民低保标准分别从 2012 年的人月均 330 元、人年均 2000 元提高到 2021 年的 700 多元、6200 多元，增幅分别达到 1 倍、2 倍以上。

（三）进一步加强对若干特殊群体的社会保障

近年来，随着人口老龄化进程的加快，应对人口老龄化上升为国家战略，养老服务业得到大力推动和发展，探索建立基本养老服务制度。同时，国家加强未成年人保护，完善了孤儿津贴、事实无人抚养儿童保障、其他困境儿童保护、农村留守儿童关爱等儿童福利与服务。在全国建立残疾人"两项补贴"，扩大了残疾人福利，加强了残疾预防与残疾人康复，进一步推动了残疾人事业的发展。通过制定退役军人保障法，使面向退役军人与军烈属的社会保障制度走向统一，军人抚恤待遇以年均 10% 的幅度持续提高，其他保障项目的待遇水平同样持续提升。

（四）大力推动脱贫攻坚

在党中央集中统一领导下，五级书记抓扶贫、全党动员促攻坚，发挥政府投入的主体和主导作用，调动全国人民积极参与，如期实现了在我国消除绝对贫困的重大战略目标。使得现行标准下 9899 万农村贫困人口全部脱贫，832 个贫困县全部摘帽，12.8 万个贫困村全部出列，区域性整体贫困得到解决，农村地区的居民收入、基础设施和基本公共服务水平得到了质的跃升。我国历史性地告别了绝对贫困，

133

创造了人类减贫史上的奇迹。

二、当前民生和社会政策领域存在的问题

经过改革开放 40 多年特别是党的十八大以来的持续发展，我国社会政策体系日渐完善，但部分社民生领域的"短板"仍然存在。当前，社会政策领域存在的主要问题是：由于市场机制和公共服务不均衡、传统体制惯性等原因导致的收入和实际生活差距较大。城乡部分困难群众与社会平均生活水平的差距较大。各级政府在教育、医疗、就业、住房等方面的社会政策，虽然能够从制度上为困难群众提供一定的帮助，但在实际实施过程中仍存在漏洞，部分群众仍然没有得到有效的覆盖。

（一）民生领域存在的突出短板

1.就业和收入分配方面

近年来，伴随经济增长速度下行，特别是新冠疫情的冲击，我国就业面临严峻形势。总体来看，增量就业需求出现萎缩，存量就业岗位也面临调整。网络经济、信息产业和人工智能领域的蓬勃发展加速了资本对劳动的替代，远程办公等新型办公形式的发展减少了存量就业岗位，一些大型互联网企业为降低成本用应届毕业生取代成熟员工。就业质量出现下降，灵活就业等非正规就业比例增大。就业市场供需结构失衡加剧，科技进步、产业结构转型在破坏了一些中低端就业岗位的同时也会创造一些新的职业，但这些新职业所需要的技能，是产业转型升级过程中被淘汰的劳动力所满足不了的，劳动力供需不

匹配造成的结构性失业问题日益突出。此外，高校毕业生就业压力增大，青年失业率在 2022 年达到历史新高。

伴随着就业形势的变化，社会收入分配格局也面临较大挑战。从总量上看，我国总体基尼系数近 10 年来虽有所下降，但目前仍然保持在高位，并且收入差距缩小的幅度逐年缩小，近年来还有所反弹。收入差距大的原因比较复杂，既包括市场机制带来的收入差距扩大的问题，也包括垄断、投机等非市场机制的因素，还包括公共政策不均衡带来的问题。收入差距大会带来许多严重的社会问题，严重影响共享发展和共同富裕。

2. 教育和医疗卫生方面

教育事业是各级政府在保障和改善民生方面投入最多、在过去10 多年里发展最快的领域。但是，目前在民众最关心的教育质量方面还存在着系统性的差距。农村的教育质量普遍不如城市，中小城市的教育质量普遍不如特大超大城市。尤其是近年来高等院校之间教育质量和学术水平的不均衡还有扩大的趋势，尽管"双一流"院校水平不断提高，但其他众多普通院校的质量和水平仍然堪忧。高等职业教育虽然得到了前所未有的关注和重视，办学规模和招生数量持续扩大，但受社会认可度不高、办学目标和理念不准、办学条件和师资相对滞后等因素的影响，高等职业教育的发展仍然面临很大的困难和挑战。

过去 10 多年是我国医疗卫生事业快速发展的时期，国家对医疗卫生的投入大幅增加，但总体上看投入水平尚不足以满足人民群众对高质量医疗卫生服务日益提高的需要，普通民众看病难、看病贵的问题仍然存在。尤其是目前优质医疗资源的分布很不均衡，大城市与小城市、农村的医疗卫生服务质量有很大的差别，迫使许多患大病、重病的民众不得不到大城市求医，进一步加剧了看病难、看病贵的问题。同时，在医疗保障方面也存在保障不足和异地看病报销难的问题，在药品供应方面还存在价格昂贵和假药、劣药问题。新冠疫情的暴发更是暴露了我国医疗资源配置和公共卫生服务人才储备和保障水平的不足。

3. 特殊社会群体救助方面

老年人、儿童、残疾人和流动人口社会政策方面的短板。目前我国已经有了针对这些特殊群体的相关社会政策，但总体上看水平还不够高。在老年社会政策方面主要是对困难失能老年人长期照料政策的短板和普通老年人普惠性服务方面的短板，农村老龄人口社会政策的短板更为突出，仅有的一些政策也更多体现为对老年人的保障、照顾、救助、优待，而在怎样利用老年能力资源，帮助老年人充分参与和融入社会发展方面的政策仍旧不足。在残疾人社会政策方面主要是去障碍方面的短板，即无障碍设施建设和维护、残疾人辅具生产与提供以及残疾人就业权利保护等方面存在不足。我国有 70% 以上的残疾人生活在农村，受多种因素影响，中国农村残疾人事业长期处于发展不充分的阶段，面临基础设施匮乏、基层工作体系不健全、发展经费受限制等诸多掣肘。残疾人基础设施欠缺，中西部地区设施建设滞后于残疾人的需要，且多数残疾人服务设施由于配套政策和配套措施的缺乏，并未被充分利用。残疾人服务体系尚待进一步健全，服务能力有待进一步提升。在儿童社会政策方面则主要是普惠型儿童服务的不足，尤其是在早期儿童照料方面的不足以及对儿童免贫政策的重视不够。此外，流动人口仍然在一定程度上游离在城市和农村的社会政策覆盖范围之外，形成较为突出的短板现象。在流动人口中，又以农业转移人口的社会政策短板问题更为突出。在完成"十三五"期间

1 亿人进城落户的目标后，进一步推动落户的政策陷入困境，户籍人口城镇化率和常住人口城镇化率的差距不降反升；居住证制度的实施受到冷遇，居住证附着利益较少，部分城市的居住证申领门槛较高，以居住证为主要载体的常住地提供基本公共服务制度的建设任重而道远。

（二）社会政策存在的深层次问题

第一，社会政策体系碎片化。社会政策的主要功能在于规避工业文明所带来的更大的不确定性和风险。社会政策通过有效的"风险管理"和"风险分配"降低个体、组织和社会风险，从而使得社会民生得以保障，而不至于让民众陷入生活困难、社会陷入失序或无序。社会政策的这种功能无法通过单一的政策来承担，而必须依赖系统化的社会政策体系来完成。

新中国成立后，我国政府开始了以社会保障为核心的社会政策体系建构。1950 年，政务院颁布了《救济失业工人暂行办法》，1951 年又颁布了《中华人民共和国劳动保险条例》。这两个文件对城市职工的基本医疗、生育、失业、养老、病假、伤残、死亡等待遇做了最低标准的规定。改革开放之后，基于平衡新老企业养老负担不均衡的问题和提高全民所有制企业市场竞争力的考虑，中央政府于 1984 年在全民所有制企业尝试退休费用社会统筹试点；1985 年劳动人事部发出了《劳动人事部保险福利局关于做好统筹退休金与退休职工服务管理工作意见》，确立了全民所有制企业职工养老社会统筹的基本政策框架；1986 年中央政府决定在国营企业新招的工人中一律实行合同制，并规定了合同工与固定工差异化的养老金筹资模式和收益规则。进入 20 世纪 90 年代，我国政府继续深化社会政策体系建设。在养老保险方面，先后颁布了《国务院关于企业职工养老保险制度改革的决定》《国务院关于深化企业职工养老保险制度改革的通知》《国务院关于建立统一的企业职工基本养老保险制度的决定》《国务院关于实行企业职工基本养老保险省级统筹和行业统筹移交地方管理有关问题的通知》《社会保险费征缴暂行条例》，基本确立了现行的城镇职工基本养老保险制度。在医疗保险方面，有关部门先后出台了《职工医疗保险制度改革设想》《关于试行职工大病医疗费用社会统筹的意见》《关于职工医疗保险制度改革试点的意见》《国务院关于建立城镇职工基本医疗保险制度的决定》等文件，逐步确立了医疗成本由国家、企业、个人三方合理负担、实行统账结合的社会保险制度。至此，以社会保险为核心的社会政策体系框架基本形成。但是，社会保险毕竟不等同于社会政策，以社会保险代替社会政策，也必然会造成社会政策体系的不完整。进入 21 世纪，随着"社会政策时代"的来临，我国政府立足于解决当前面临的社会问题并为将来的发展确立方向和原则，提出了构建"和谐社会"的基本目标和"科学发展观"的基本原则。党的十八大以后，社会政策建设仍然延续了以关注弱势群体为出发点、以"保障和改善民生"为基础、以加强公众权利保护和切实保障社会公平为核心的社会政策体系建设思路，并取得了显著进展。但尽管如此，以满足社会成员多样化、多层次需要的完整的社会政策体系并未真正形成，也就难以充分发挥其正功能。另外，部分社会政策的应急性或非常态化特征，也加剧了社会政策体系的碎片化。

第二，社会政策结构二元化。我国的社会政策体系中存在着许多二元分割结构，包括城乡二元结构、发达地区和欠发达地区二元分割、体制内与体制外的分割等。社会政策的多重二元分割，使得社会政策体系的碎片化变得更加直接、具体，进而使得城乡差别、地区差别、部门差别变成社会成员之间的直接体验，社会排斥和社会不平等由抽象变得具体，这严重影响了社会成员生存、生活和发展困境的归因，增加了社会和谐环境形成的阻力。

就城乡二元分割而言，自新中国成立以来，我国社会政策的建构就带有"重城市轻农村""先城市后农村"的突出特征。以社会保险为例，新中国成立至改革开放前，国家社会保险制度关注的对象主要指向城市职工。改革开放至 21 世纪初社会保险制度改革及体系的建构，仍以满足城市职工和居民的需要为主。直至社会主义新农村建设将农村社会政策纳入政策视野，逐步普及了农村新型合作医疗制度和农村低保制度，逐步建立了农村医疗救助制度等，城乡二元分割才有所缓解。但是，城市与乡村社会政策体系各自封闭运行的总体格局仍未改变。就地区而言，我国地域辽阔，区域间发展不平衡。随着社会保障和福利的地方化，经济发达地区的城乡居民，能够享受比欠发达地区高得多的社会保障和社会福利，社会保障和社会福利的地区差别日趋突出。就体制内外分割而言，计划经济时代不同性质的单位享有的社会福利水平、福利的供给方式往往差别悬殊。改革开放后，随着福利双轨制的实施，单位间的福利鸿沟、国有企事业单位和政府部门同其他经济组织、社会组织间的福利鸿沟并未得到根本改变。以养老为例，机关公务员、事业单位员工、企业职工的养老待遇有着较大差别。

三、进一步兜牢民生底线增进人民福祉的社会政策重点

进入新发展阶段，我国的社会政策既要在过去的成就基础上进一

步发展，也需要在发展中持续推进固有体制弊病的修正，真正实现在发展中保障和改善民生。从当前的情况看，进一步兜牢民生底线、增进人民福祉的社会政策重点有以下几个方面。

（一）以青年群体为重点促进就业减少失业

我国对于青年失业率的统计一般将年龄界定为 18—24 岁。对于这个年龄段的青年劳动者就业问题，应多措并举统筹兼顾。高质量发展内在地要求高人力资本投资水平，这需要大力发展教育，让更多的青年接受更长年限的教育。对于已经完成了学校教育的青年，则需要为他们创造更好的劳动力市场环境，使其尽快实现就业。

青年进入劳动力市场初期缺少工作经验，寻找合适的就业岗位具有一定的难度。青年失业率明显高于年龄更大劳动力，但通常在失业后能够更快地找到新工作，失业持续时间较短。为了促进青年就业和减少失业，要创造统一开放、竞争有序的劳动力市场，不断完善公共就业服务。青年群体普遍使用网络和智能手机等，因此公共就业服务机构应更加注重使用现代化数字方式和信息技术，提供更加畅通的劳动力市场信息，将用人单位和劳动力双方更加高效地衔接起来。逐步消除制度性障碍和就业歧视，创造更加公平的就业环境，保障所有青年劳动者享有平等的劳动权利。要为青年提供更多的培训机会以提升其技能，这些培训需要充分考虑劳动力市场的发展趋势和其对技能的需求。这不但有助于促进青年群体实现多渠道就业创业，而且有助于其减少摩擦性失业和结构性失业。

在技术高速发展的今天，新就业形态在就业市场中占据越发重要的地位，而青年本身就是新就业形态的积极参与者、推动者。从某种意义上讲，青年群体与新就业形态以及新工作场所特征相互影响并相互成就。新就业形态以方式的灵活性、工作安排的自主性吸引了大量青年劳动者加入其中。新就业形态也因其不确定性和非正规性，在一定程度上影响了青年劳动者的就业和工作质量，甚至影响了其职业选择途径。为此，要正视新就业形态的不确定性，在承认灵活化的前提下探究保障劳动者权益、构建新型劳动关系的有效路径。就目前凸显的非标准劳动关系、过长的工作时间和有待健全的社会保障制度等问题来看，传统的法律法规很难对基于数字经济的新业态工作提供基本保障。可以尽快出台新的劳动合同、工作时间、工作条件、社会保障等标准，以维护非正规就业劳动者的基本权益。

（二）以体系建设为重点推进医疗资源优化配置

应加大对基层医疗机构资源分配的倾斜力度，健全基层医疗卫生服务体系，推进合理有序的分级诊疗体系落地，切实缓解"看病贵"难题。一方面，要为基层医疗机构人员创造"留得住"的环境。切实提高基层全科医生的薪资待遇，完善全科医生的职称评审机制、健全绩效考核机制，如根据全科医生的工作性质与内容，按阶段及时调整职称评审依据与环节；重视全科医生的个人职业发展需求。根据全科医生的个人需求，为其提供增强自身竞争力的学习机会，如外出培训、攻读学位以及交流进修等，不断提高其知识与技术水平。另一方面，继续深化完善基层医疗机构的基础设施建设。政府应根据分级诊疗体系中关于基层医疗卫生机构的定位和职责，加大财政扶持力度，继续为基层医疗卫生机构建设和发展提供必要的支撑。

在医疗资源配置制度建设方面，应加快推进紧密型医联体建设，缓解分级诊疗体系下的人力、物力、财力配置失衡。在财政支持方面，充分发挥政府在公共卫生服务支出方面的作用，逐渐取消收支两条线。在绩效考核机制方面，建立与医联体发展相适应的绩效考核机制，通过制定相适应的评价指标体系，如基层双向转诊相关指标、医疗资源下沉指标等，监测医联体的实施效果，真正实现"基层首诊、双向转诊急慢分治、上下联动"的分级诊疗模式。在平台建设方面，重视数字化、信息化建设，创建医疗信息共享机制，实现医联体内就诊信息实时采集与共享，畅通"双向转诊"通道。

（三）以养老为重点推进社会保障制度优化

首先，应加快推进养老保险全国统筹。《人力资源和社会保障事业发展"十四五"规划》提出，建成全国统一的养老保险统筹信息系统和多层次社会保障信息平台。2021 年 7 月，人社部等八部门联合印发《关于维护新就业形态劳动者劳动保障权益的指导意见》，明确放开灵活就业人员在就业地参加基本养老保险的户籍限制。实现养老保险全国统筹，对于均衡区域社会保障不平衡，促进劳动力要素自由流动，形成全国统一大市场具有重要意义。对此，要坚持以人民为中心的发展思想，深化养老保险制度改革，发展多层次、多支柱养老保险体系，扩大社保覆盖面，加强基金风险防控，完善全国统一的社会保险公共服务平台，加快推进社保经办数字化转型，不断提升管理服务水平，加强法治建设，努力实现社会保障事业高质量发展、可持续发展。

其次，要推动养老产业与养老事业协同发展。随着人口老龄化程度持续加深，满足数量庞大的老年群众多方面需求、妥善解决人口老龄化带来的社会问题，成为事关百姓福祉的重要议题。当前，养老服务市场发展不平衡不充分、有效供给不足、服务质量不高等问题依然存在，人民群众养老服务需求尚未有效满足。因此，需坚持用改革的办法和创新的思维解决发展中的问题，推动养老事业和养老产业协同发展。要完善体系，提升养老服务治理效能。不断完善老年人家庭赡养和扶养、社会救助、社会福利、社会优待、宜居环境、社会参与等政策，增强政策制度的针对性、协调性、系统性。要整合资源，深度挖掘老龄群体消费需求。养老服务业供给侧改革不仅要做优增量，也要盘活存量，通过深化改革促进存量资源转型升级和有效利用。要理顺政府和市场关系，采用多元化产业融合模式发展。养老产业是解决人口老龄化问题的有效途径，必须激活养老产业市场主体活力。要充分利用信息化技术推进养老事业，开发适老化技术和产品。为适应"互联网＋"全面融入日常生活新趋势，需促进养老服务运行方式创新，开发适老化技术和产品，构筑起全民畅享的智慧养老。

（四）以战略的高度构建生育支持政策体系

党的二十大报告提出"建立生育支持政策体系"。只有运用战略思维建立符合中国国情且覆盖面更广、时效更长、全方位的生育支持政策体系，才能切实解决中国家庭"不敢生、不愿生"的问题，使生育率得到有效提振，逐步回升到适度水平上来。

首先，要避免制定"单兵独进"的生育支持政策。应构建社会经济文化等多方面因素全覆盖的生育支持政策体系，统筹考虑生育决策相关的社会因素、经济因素、文化因素、制度因素等多个方面。其次，生育政策不能只关注"生"和"育"。应建立成长周期全覆盖的生育支持政策体系。不仅要着眼于降低家庭的生育和早期养育成本，更要对孩子的长期发展给予足够的保障。再次，政策不能仅指向"三孩"家庭。应构建覆盖所有孩次的生育支持政策体系，为全部家庭提供良好的生育环境和政策保障。最后，要运用整体性思维建立符合中国国情的生育支持政策体系。在制定政策时，需要充分考虑到近些年中国新涌现的、有别于西方发达国家的生育影响因素，不能生搬硬套国外的生育福利或家庭政策，要有针对性地解决中国家庭在生育过程中面临的问题。

第十章
着力扩大国内需求

面对不确定性不稳定性日益增加的国际国内环境，我国实现了经济平稳运行、发展质量稳步提升、社会大局保持稳定。但是当前经济恢复仍面临着较大的下行压力，着力扩大国内需求是推动经济运行整体好转的当务之急。本章从理论逻辑与实践逻辑出发分析扩大国内需求的重要作用，指出影响国内需求的重要因素，在分析当前我国扩大国内需求面临的主要问题及其成因的基础上提出恢复和扩大消费，提高城乡居民收入，激发民间投资活力等相关政策建议，以期持续扩大国内需求，促进经济运行保持在合理区间。

一、扩大国内需求的重要作用及其影响因素

着力扩大内需是推动高质量发展的重要前提，也是加快构建新发展格局的必然要求，更是持续增进民生福祉的重要任务。着力扩大内需，有利于发挥我国超大规模市场优势，充分利用丰富的人力资源，培育起强大的国内市场，推进中国式现代化建设，立足中国国情全面建设社会主义现代化国家。

（一）扩大国内需求对于推动高质量发展具有重要作用

党的二十大报告统筹中华民族伟大复兴战略全局和世界百年未有之大变局，科学谋划了未来五年乃至更长时期党和国家事业发展的目标任务和大政方针，提出一系列新思路、新战略、新举措，描绘出全面建成社会主义现代化强国的宏伟蓝图。报告提出："我们要坚持以推动高质量发展为主题，把实施扩大内需战略同深化供给侧结构性改革有机结合起来，增强国内大循环内生动力和可靠性，提升国际循环质量和水平"，意味着如何刺激国内需求增长将成为我国经济发展的重点工作之一。

从理论逻辑来看，马克思主义认为，任何一个社会的存在都必须满足广大人民群众最基本的物质生活需要。所有重大的社会变革都是当生产力发展到一定阶段后，生产关系不再适应生产力发展的要求，原有的利益关系发生调整与重构，新的生产关系替代旧的生产关系，以生产关系的变革来推动生产力的进步，从而更好地满足广大人民群众的物质文化需要。在不同的历史时期，广大人民群众需求的内容和层次也是不同的。当前我国社会的主要矛盾已经转化为人民日益增长的美好生活需要和不平衡不充分的发展之间的矛盾。坚持以人民为中心的发展思想，要求我国经济发展要不断满足人民群众个性化、多样化、不断升级的需求，做到需求牵引供给，供给创造需求的高水平动态平衡，实现国民经济的良性循环。

在宏观经济学的框架中，需求管理理论认为，国内消费需求和投资需求是经济增长的重要驱动力，提高国内需求可以促进经济增长，而政府可以通过调节政策来促进国内需求的增长。需求管理理论假设价格特别是劳动力市场上的价格并不能灵活调整，所以劳动力市场并未达到充分就业，而是存在失业，实际总产出就低于潜在总产出。由于存在消费倾向递减、资本边际效率递减和流动性偏好，当社会总收入增加时消费也在增加，当收入的增加速度快于消费时，就会引起消费需求和投资需求不足，使社会总供给大于社会总需求，总需求不足会导致商品滞销，引起生产缩减，造成失业，甚至导致经济危机。基于需求管理理论的判断，政府必须要采取积极的财政政策刺激国内有效需求才能使经济恢复正常。需求管理理论支持扩大国内需求，市场需求的扩大不仅能提高经济的生产力，而且还能提高消费者的收入，从而推动经济发展。

从实践逻辑来看，当前我国已转向高质量发展阶段，发展具有多方面优势和条件，但是也同样面临着许多困难和挑战。我国经济发展面临的问题，在供给和需求两侧都有，总需求不足是当前经济运行面临的突出矛盾。当前，民间投资预期较弱，市场主体的贷款意愿低迷，信心不足，部分符合贷款条件的企业不愿向银行贷款进行投资。从客观条件来看，我国的投资潜力依旧巨大，政府投资必须要发挥好引导作用，党的二十大报告中提到，"坚持把发展经济的着力点放在实体经济上，推进新型工业化，加快建设制造强国、质量强国、航天强国、交通强国、网络强国、数字中国"，为我国投资需求寻找新的增长点指明了方向。同时，当前我国居民消费需求不足，边际消费倾向降低，但是我国的消费需求潜力同样巨大，必须要出台相应的政策提振消费意愿，增强消费能力，改善消费条件，使消费潜力充分释放出来。投资需求和消费需求依然有很大的增长空间，如果充分发挥消费的基础作用和投资的关键作用，一定能够促进我国构建以国内大循环为主体、国内国际双循环相互促进的新发展格局，助力经济持续健康发展。

自改革开放以来，我国加入了经济全球化背景下的国际大循环，投资、消费、出口成为推动我国经济增长的重要驱动力，这对我国快速提升经济实力，改善人民生活条件起到了十分重要的作用。但是目前世界正面临着百年未有之大变局，经济逆全球化趋势加剧，单边主义、保护主义抬头，世界经济呈现衰退趋势，我国的出口贸易额和投资额不断缩减。然而，当前国内也面临着粗放型发展方式难以为继，投资增速放缓，经济循环不畅等问题。为积极应对国内外形势变化，我国作出了加快构建以国内大循环为主体、国内国际双循环相互促进的新发展格局的重要决策。

国民经济运行是一个周而复始的循环过程，这个循环是否畅通，决定了经济能否持续健康发展。对于畅通的国民经济循环来说，需求端和供给端要相互匹配，保持需求牵引供给、供给创造需求的高水平动态平衡。我国有 14 亿多人口，人均国内生产总值持续增长，有世界上最大规模的中等收入群体，是全球最大规模的消费市场之一，消费总量扩大和消费结构升级的空间广阔。我国是世界上最大的发展中国家，城镇化建设、产业升级、中西部发展都将不断释放投资潜力。我国物质基础雄厚，产业体系完整，人力资源丰富。无论从需求侧看，还是从供给侧看，加快构建新发展格局都具备许多有利条件。我们需要牢牢把握扩大内需这个战略基点，全面促进消费，拓展投资空间，完善内需主导、内生增长的发展模式，促进经济持续健康发展。

（二）国内需求的影响因素

第一，消费者收入。收入水平是影响国内需求的重要因素之一。通常情况下，随着人们收入水平的提高，可支配收入也随之增加，可以购买更多的商品和服务或者进行投资，从而推动国内需求增长。收入水平也能够通过影响劳动者的工作积极性，进而影响产业发展，最终对消费需求产生影响。由于劳动者主要经济来源就是劳动收入，如果收入降低将会降低劳动者的工作积极性，从多方面影响产品的生产，甚至会降低产品的质量。当全社会产品质量普遍较低时，居民的消费需求便会受到抑制。

第二，消费者信心。消费者信心反映了消费者情绪，虽然不能直接影响家庭消费，但是作为一种心理状态，主要是通过影响消费者的消费储蓄决策进而影响家庭消费。消费者信心提高，意味着消费者对未来的乐观程度上升，这将使个人消费决策倾向更加积极地消费，当整个社会消费者的信心普遍提高，就会带动总需求上升，使国内消费需求增加。当消费者情绪过度悲观时就会减少当下的消费，导致家庭消费支出下滑，降低国内需求。但是不同消费主体的消费行为存在差异，对不同消费者的影响不尽相同，因此，政府在制定政策时必须充分考虑到对不同消费者的影响，及时调整经济政策。

第三，技术创新。技术创新可以对国内投资需求产生很大影响。技术创新可以降低生产成本，从而增强企业的盈利能力，促使企业增加投资以扩大生产规模、改善产品品质或提高生产效率。技术创新也可以改变消费者需求和行为，改变市场的需求结构，企业必须适应变化，需要投资以维持或提高市场地位，保持竞争优势。技术创新同样可以提高企业的生产效率和灵活性，从而使企业更加适应市场需求和变化。技术创新是企业实现可持续发展和长期增长的关键因素之一，对投资需求产生重要影响。

第四，制度环境。制度环境对于企业和投资者来说非常重要，可以直接或间接地影响企业的经营和投资决策。制度如果不能持续稳定，就可能降低企业和投资者对投资环境的信心，影响投资决策。同样，一个完善的制度体系可以为企业和投资者提供制度保障，鼓励投资和经营活动，减小投资风险，促进国内投资需求上升。企业和投资者在作出投资决策前都会将制度环境作为重要考虑因素，因此如何营造一个良好的制度环境对拉动国内投资需求来说至关重要。

二、当前国内需求不足的主要问题及其成因

2022年12月召开的中央经济工作会议对着力扩大内需作出了全面安排和部署。会议强调，总需求不足是当前经济运行面临的突出矛盾。必须大力实施扩大内需战略，采取更加有力的措施，使社会再生产实现良性循环。我们应牢牢把握扩大内需这个战略基点，采取更加有力的措施，充分发挥内需的拉动作用，推动我国经济平稳健康可持续发展。

（一）国内需求不足存在的主要问题

第一，人均可支配收入增长较慢。国家统计局发布的《中华人民共和国2022年国民经济和社会发展统计公报》显示，2022年，全年国内生产总值1210207亿元，比上年增长3.0%；全年全国居民人均可支配收入36883元，比上年增长5.0%，扣除价格因素实际增长2.9%，与经济增长基本同步。但是，从2017—2022年的人均可支配收入扣除价格因素的增长率来看，总体呈现出下降的趋势。

同时，如果将2022年所有调查户按人均收入水平从低到高顺序排列，平均分为五个等份，处于最低20%的收入家庭为低收入组，依此类推依次为中间偏下收入组、中间收入组、中间偏上收入组、高

收入组。可以看到低收入组人均可支配收入同比增长 3.2%，比 5.0%
的全国平均水平低 1.8 个百分点，中间偏低收入组人均可支配收入
增长 4.7%，比全国平均水平低 0.3 个百分点。中间收入组人均可支
配收入 30598 元，同比增长 5.3%；中间偏上收入组人均可支配收入
47397 元，同比增长 5.4%；高收入组人均可支配收入 90116 元，同
比增长 5.0%。2020—2022 年，低收入群体收入平均增速仅为 5.2%，
分别比全国平均水平、中间偏下收入组、中间收入组、中间偏上收入
组、高收入组低 1.1 个、1.8 个、1.7 个、1.3 个和 0.5 个百分点。2022 年，
高收入组人均可支配收入是低收入组的近 10.5 倍，而 2021 年和 2020
年分别为 10.3 倍和 10.2 倍，收入差距亦呈现扩大趋势。

第二，人均消费支出波动较大。2022 年全年全国居民人均消费
支出 24538 元，比上年增长 1.8%，扣除价格因素，实际下降 0.2%。
其中，人均服务性消费支出 10590 元，比上年下降 0.5%，占居民人
均消费支出的比重为 43.2%。按常住地分，城镇居民人均消费支出
30391 元，增长 0.3%，扣除价格因素，实际下降 1.7%；农村居民人
均消费支出 16632 元，增长 4.5%，扣除价格因素，实际增长 2.5%。

第三，产业转型升级压力较大。产业转型升级已经成为建设现代
经济体系的重要内容，是拉动国内投资需求的重要力量。对于产业转
型升级而言，实体经济的转型升级是重中之重，是产业转型升级的关
键所在，但是当前实体经济转型升级既有长期以来难以解决的老问题
也有在发展过程中遇到的新挑战。比如高端核心技术的对外依赖程度
较高、产品附加值不高、缺乏关键技术、产品同质化现象比较严重等
等。从新挑战来看，近年来制造业销售渠道受到互联网电商的冲击，
传统的线下渠道销售量下滑严重，如何在互联网经济时代寻找到适合
的销售渠道急需解决；很多传统制造业的生产设备相对落后，随着国

家环保政策力度加大，很多设备已经不能满足环保标准，需要大量的资金和时间来升级生产设备。针对这些问题，目前还没有一个十分有效可行的解决办法，如何找到正确的投资方向仍然在不断摸索，产业转型升级的压力较大。

第四，民间投资呈下降趋势。民间投资是扩大有效投资、扎实稳住经济不可或缺的重要环节，经过几十年的发展，我国民间投资和民营经济由小到大、由弱变强，已日渐成为推动我国经济发展、优化产业结构、繁荣城乡市场、扩大社会就业的重要力量。从投资增速来看，2017年至2022年的民间投资量增速波动较大，且总体呈现下降趋势。从投资总量占比看，2012年以来，民间投资占全国固定资产投资比重连续5年超过60%，最高时达65.4%。受新冠疫情等因素影响，近几年民间投资增速有所下降。2020年，民间投资占全国固定资产投资比重为61.2%。2021年，民间投资占比下降至55.6%。

（二）国内需求不足的主要原因

第一，经济下行压力较大。疫情暴发以来，叠加地缘冲突加剧等因素，国内经济下行压力一直较大，导致市场需求不足，消费、投资增速均受到影响有所下降。消费需求降低，居民消费减少。中国人民银行的储户调查问卷显示，2022年第四季度，倾向于"更多储蓄"的居民占61.8%，同比提高10.0个百分点。倾向于"更多消费"的居民占22.8%，同比下降1.9个百分点。投资需求也在降低，生产成本上升、出厂价格下降等因素导致企业利润下滑，预期收益降低，减弱了企业投资意愿。部分企业对投资创新、投资方向和市场前景都有很多顾虑，举棋不定，对投资持观望态度。

疫情防控政策优化以后，消费和投资得到了释放，但是仍然还需要一个恢复的过程。随着宏观经济好转，消费和投资信心都将增强。目前各地政府都出台了相关的促消费政策，政策效果也将逐步显现，经济环境正在不断好转。

第二，居民收入增长受到制约。我国大部分城镇居民的收入来源构成都比较单一，可支配收入中工资性收入一直是主要部分。在当前经济大环境下，大部分居民的蓄意愿高。财产净收入在短期内难以对城镇居民增收形成有效支撑。农村居民收入增长缓慢，也在影响内需的进一步扩大。虽然全国农村社会消费品零售总额增速近年来一直高于同期城镇社会消费品零售总额，农村与城镇之间的差距近年来在逐步减小，但是总量差距仍然较大。农民收入增长缓慢、有效购买力不足，直接制约着农村市场的开拓。同时受到多种因素的影响，销售终端，如个体工商户、地摊经济等发展缓慢，也弱化了促进居民经营收入增长的作用，居民增收后劲不足。

此外，当前我国市场上就业机会比较短缺，产业结构不均衡导致劳动力市场供给与需求不匹配，就业压力不断增大。劳动者权益保障落实不到位，导致劳动者的付出与回报不匹配，降低了消费意愿。同时随着产业升级转型，部分传统劳动力会面临"被失业"的风险，收入水平也会受到影响。人口老龄化问题也会给一部分家庭带来负担，给收入增长带来不利影响。这些因素都使居民收入增长受到制约，如何解决这些不利影响对提高消费意愿，促进消费需求具有十分重要的意义。

第三，民间投资增长较为乏力。长期以来，我国民间融资环境难以适应民间投资不断增加的需求，民间投资的玻璃门、弹簧门、旋转门问题有待进一步解决。同时，由于缺乏有效的信用担保等问题以及各大商业银行对贷款的风险约束机制等因素，使民营企业在满足融资方面成本较高，审批程序复杂，耗时较长。部分急需资金的企业不得不依靠非正规的渠道融资。民间投资面临资金困难、融资渠道少的问题，已成为当前民间投资高质量发展的重要瓶颈。同时，我国民间投资规模较小，投资项目缺乏有效性，有些项目存在低水平重复建设问题，加上很多企业本身的规模就小，使其无法形成规模效应进而节约生产成本，导致企业的竞争力、盈利能力受到严重制约。有些民营企业还面临着政府审批程序繁杂的问题。民间投资要受到政府层层的行政审批，手续繁杂、准入条件过高、效率低下、耗时耗力，令很多民间投资者望而却步。政府对民间投资者在技术、信息、法律等方面的服务都存在不足，民间投资者的信息渠道不通畅，合法权益不能得到充分保障。如何建设一个适合的制度环境，完善相关法律法规，保持相关政策的稳定性和执行力度，提高企业和投资者对投资环境的信心，对营造一个良好的投资环境，拉动国内投资需求来说十分重要。

三、扩大国内需求的政策建议

总需求长期不足有可能导致国内大循环中内生动能减弱，潜在产出能力降低，当务之急必须提振经济增长的内生动力。必须充分认识到国内需求的重要性，着力扩大国内需求，有效解决影响国内需求提高的不利因素，这对提高社会生产力、促进形成强大国内市场、推动经济平稳健康可持续发展具有重要作用，有利于深化供给侧结构性改革、加快补齐重点领域短板、提升我国长期综合竞争实力。

2023 年政府工作报告中提到，着力扩大国内需求。把恢复和扩大消费摆在优先位置。多渠道增加城乡居民收入。鼓励和吸引更多民间资本参与国家重大工程和补短板项目建设，激发民间投资活力。

（一）恢复和扩大消费

消费是推动经济高质量发展的持久动力。消费需求是拉动我国经济增长的主要引擎，畅通国内大循环的关键环节，也是满足人民群众对美好生活需要的重要内容，必须高度重视其重要作用。促消费政策要以改善人民生活品质为重点，适应消费升级和消费创新的新要求，促进消费产业结构转型升级。

第一，扩大消费信贷规模。消费信贷作为居民消费资金的来源之一，可以满足居民的部分消费需求。一方面，合理的消费信贷政策可以让消费者对消费作出比较有信心的规划，提高消费预期和信心。另一方面，当消费者面临流动性约束的时候，也通过消费信贷把未来的收入转移到当期，进而平滑消费，对促进消费需求产生作用。中国人民银行发布的《金融机构贷款投向统计报告》显示，2022年我国住户消费贷款增速持续回落，第一、二、三、四季度住户消费性贷款余额增速分别为7.1%、5.8%、5.4%、4.1%。金融机构要提高信贷供给能力，央行可以通过适度降准，将个人消费信贷业务纳入考核标准等措施降低银行融资成本，扩大消费金融公司的融资来源，增加消费信贷投放能力，推动个人按揭贷款、车贷等利率下行。适度扩大个人消费贷额度，延长贷款期限，对有稳定收入来源的居民适当放宽要求从而刺激信贷需求。针对各类型的消费群体开发符合各自需求的金融产品，提高金融服务质量。

第二，发展消费新业态新模式。近年来，我国网络购物、移动支付、线上线下融合等新业态新模式迅速发展，新型消费模式在我国恢复和扩大消费方面发挥了重要作用。当前，我国新型消费领域发展还存在基础设施不足、服务能力偏弱、监管规范滞后等问题。要健全新型消费领域的基础建设，积极为餐饮、商场、零售等传统线下消费搭建线上平台。线上教育、线上医疗、线上娱乐等新型互联网行业要继续完善相关技术手段。同时，积极推动线上线下消费融合发展，实现居民消费网络化、智慧化、平台化。提高新型消费领域的服务能力，鼓励定制、体验、智能消费等新模式新业态发展，适当放宽服务消费领域市场准入标准。提高城乡消费水平，提高农村电商覆盖率，改善农村消费环境，推动农村消费完成电子消费升级。尽快完善相关体制机制，营造良好的新业态新模式消费环境，改进和完善市场监管体系，及时出台相关行业标准规则和政策措施，打击违法违规经营，保护消费者合法权益。

（二）提高城乡居民收入

恢复和扩大消费最重要的一方面就是提升收入水平和促进就业。实现更广泛的收入水平提升，实现更加充分更高质量的就业，才能进一步优化收入分配结构，扩大中等收入群体和提高居民消费能力。

第一，多渠道提高居民收入。完善分配制度，创新收入分配方式。分配制度是促进共同富裕的基础性制度，要坚持按劳分配为主体、多种分配方式并存，提高居民收入在国民收入分配中的比重，增加城乡居民财产性收入，实现居民收入增长和经济增长基本同步，劳动报酬提高与劳动生产率提高基本同步。健全多层次社会保障体系，消除消费的后顾之忧，完善基本养老保险全国统筹制度，发展多层次、多支柱养老保险体系，提升基本公共服务均等化水平。减轻居民家庭在住房、教育、育幼、医疗、养老等方面的支出负担，稳定消费预期。特别注重增加低收入群体收入，持续提高低收入群体收入，加大税收、社保、转移支付等调节力度和精准性，改善收入和财富分配格局。

第二，多维度促进就业。2023 年《政府工作报告》在今年发展主要预期目标中提到，今年城镇新增就业 1200 万人左右，城镇调查失业率 5.5% 左右；居民消费价格涨幅 3% 左右；居民收入增长与经济增长基本同步。解决就业问题关系到每一个人的切身利益，是民生之本。在未来，要落实落细就业优先政策，稳定市场主体，进一步提升劳动报酬和经营性收入。进一步推进减税降费，减轻企业发展负担，鼓励更多创新创业类企业健康发展。要加快完善就业权益保障的政策与制度安排，提高中小微企业、个体工商户和灵活就业者的经营性收入。巩固拓展脱贫攻坚成果，确保不发生规模性返贫，持续推进脱贫地区发展。推广以工代赈方式，带动低收入人口就地就近就业，正确引导各种社会力量积极参与。

（三）激发民间投资活力

党的二十大报告提出，要坚持以推动高质量发展为主题，把实施扩大内需战略同深化供给侧结构性改革有机结合起来。要扩大内需，必须增强投资对优化供给结构的关键作用，这离不开民营企业、民营经济和民间投资，要进一步充分发挥民间投资的重要作用。

第一，减轻企业负担，拓展投资空间。2022 年，我国增值税留抵退税超过 2.4 万亿元，新增减税降费超过 1 万亿元，缓税缓费 7500 多亿元。在未来，要继续完善税费优惠政策，完善现行减税降费、退税缓税等措施，精准落实各项减税降费政策，减轻企业税费负担。扩大企业中长期贷款、信用贷款规模，降低融资成本。完善企业创新服务体系，畅通企业上市融资渠道，鼓励发展天使投资、创业投资，更好发挥创业投资引导基金和私募股权基金作用。优化投资结构，拓展投资空间，提高投资效率，保持投资合理增长，激发全社会投资活力，增强投资增长后劲，促进消费供给升级。大力发展数字经济、绿色经济。

第二，营造良好的经营环境。继续加强法治建设，严厉打击违法违规经营和不诚信经营，保障民营企业的合法权益和健康发展。健全法律法规和行业标准，不断提高司法平等的高度，为企业经营提供制度保障。简化政府审批程序，在市场准入、审批许可、经营运行等方面简化步骤，健全政府对民营企业在技术、信息、法律等方面的服务体系，畅通民间投资者的信息渠道，创造充足的平等竞争空间。在政策执行上加强市场宏观调控与有效监管，营造市场化、法治化的营商环境。加快实施"十四五"重大工程，发挥项目牵引和政府投资撬动作用，吸引民间资本参与，为民间投资项目落地创造更多便利条件，促进民间投资健康发展。

第十一章
加快建设现代化产业体系

当前，新一轮科技革命和产业变革与我国加快转变经济发展方式形成历史性交汇，国际产业分工格局和全球价值链加快重塑，我国产业体系在迎来重大发展机遇的同时也面临诸多现实挑战。党的十八大以来，习近平总书记站在实现中华民族伟大复兴的战略高度，就建设现代化经济体系特别是建设现代化产业体系作出一系列重要论述，为更好推动建设现代化产业体系提供了根本遵循。加快建设现代化产业体系，全面提升产业体系现代化水平，是当前和今后一段时间的工作重点，2023年政府工作报告就此作出了具体部署。准确把握现代化产业体系提出的内在逻辑，系统了解现代化产业体系建设的实现基础，正确看待现代化产业体系建设面临的现实问题，以体制机制改革为加快建设现代化产业体系提供政策支撑，是高质量建设现代化产业体系的关键。

一、建设现代化产业体系是我国发展的战略主动选择

党的二十大报告将建设现代化产业体系作为构建新发展格局、推动高质量发展的一项重要任务部署，是完整、准确、全面贯彻新发展

理念的必然要求。建设现代化产业体系，是我国发展的战略主动选择，对于全面建设社会主义现代化国家、顺利实现第二个百年奋斗目标具有重要现实意义。

（一）建设现代化产业体系是建成社会主义现代化强国的重要举措

一个现代化国家，必须要有现代化经济体系支撑，全面建设社会主义现代化国家，也必须建设现代化经济体系，而现代化产业体系则是现代化经济体系的重要内容。在当今世界百年未有之大变局加速演进、我国迈入全面建设社会主义现代化国家新征程的大背景下，加快建设现代化产业体系关系大局、关系长远。

世界强国的兴衰史特别是中华民族的奋斗史证明，产业体系的不断完善升级及其现代化是国家保持繁荣之所在。新中国成立后，我国以发展重工业为大规模建设的重点，初步建立起相对独立完整的工业体系；改革开放以来，凭借低要素成本优势，我国深度融入世界产业分工体系，一跃成为举世闻名的制造业大国，我国也拥有了世界最完整的产业体系，在全球产业链和供应链中具有重要地位；中国特色社会主义进入新时代，我国不断提升产业基础能力和产业链现代化水平，加快培育具有国际竞争力的战略性新兴产业和产业集群，形成了完整且相对有韧性的产业链供应链体系。加快建设现代化产业体系，今天仍然是提升我国综合国力、保障国家安全、建成社会主义现代化强国的重要路径。

从我国经济发展的现实来看，实体经济是经济增长的核心动力，制造业是实体经济的重要组成部分。习近平总书记站在实现中华民族伟大复兴的战略高度指出，"一个国家一定要有正确的战略选择，我国是个大国，必须发展实体经济，不断推进工业现代化、提高制造业水平，不能脱实向虚"①，"制造业是实体经济的基础，实体经济是我国发展的本钱，是构筑未来发展战略优势的重要支撑"②，"任何时候中国都不能缺少制造业"③。近年来，世界各国也都注重将实体经济创新作为驱动发展的核心力量，而对我国发展来说，现代化产业体系中的实体经济特别是制造业高质量发展，具有尤为独特的战略意义。

（二）建设现代化产业体系是赢得全球竞争制高点的战略选择

展望未来，加快建设现代化产业体系是赢得全球竞争制高点的战略选择。当前，全球产业竞争格局正发生前所未有的重大调整，战略性资源产品国际供给出现波动、经济全球化遭遇逆流、全球贸易摩擦和壁垒增多、贸易与投资保护主义抬头等多重因素叠加，我国产业体系发展面临巨大不确定性。特别是国际金融危机发生后，发达国家纷纷实施"再工业化"战略，力图重振实体经济和制造业。如美国发布《重振美国制造业框架》，德国推出"工业 4.0"战略，英国颁布《英国工业 2050 战略》，等等。与此同时，一些发展中国家也在加快谋划和布局，积极参与全球产业再分工，在中低端领域承接产业及资本转移，并利用新的多边经贸合作体制拓展国际市场空间。我国传统产业体系的发展，同时面临发达国家和其他发展中国家"双向挤压"的严峻挑战。

---

① 《扎实推动经济社会持续健康发展　以优异成绩迎接党的十九大胜利召开》，《人民日报》2017 年 4 月 22 日。

② 《坚定信心埋头苦干奋勇争先　谱写新时代中原更加出彩的绚丽篇章》，《人民日报》2019 年 9 月 19 日。

③ 《"任何时候中国都不能缺少制造业"（两会现场观察）》，《人民日报》2023 年 3 月 6 日。

更为关键的是，随着云计算、物联网、大数据、人工智能等技术与传统产业深度融合，产业运行和培育的方式与逻辑都发生了深刻变革。产业全球竞争力的形成，已经开始从依赖低成本要素转向更多依赖科技创新，传统产业政策思路也遇到挑战。在新一轮工业和科技革命进程中，许多国家已经纷纷调整科技创新国家战略，凭借着技术、人才等优势在先进制造、工业互联网等高端制造业领域抢占先机，利用科技重塑产业竞争新优势，在前沿技术提前布局和突破，争夺国际产业竞争话语权。这一系列新动向，深刻地影响着全球科技走向和全球产业链重构。在这样的背景下，建设现代化产业体系是我国赢得全球竞争制高点的战略选择。

（三）建设现代化产业体系是适应构建新发展格局的内在需要

立足当下，加快建设现代化产业体系是适应构建新发展格局的内在需要。习近平总书记指出，"新发展格局以现代化产业体系为基础，经济循环畅通需要各产业有序链接、高效畅通"①。

长期以来，我国传统的产业体系在很大程度上依赖国际大循环，呈现出大规模出口和外向型发展特征。随着劳动力等生产要素成本不断上升，人口结构逐渐调整，资源和环境约束不断强化，依靠资源要素投入、规模扩张的粗放发展和出口导向模式已经难以为继。过度依赖国际大循环，对外导致贸易摩擦隐忧加剧，对内给宏观经济稳定运行带来压力。从经济发展模式转型的内在要求来说，必须加快构建以国内大循环为主体、国内国际双循环相互促进的新发展格局。打造自主可控、安全可靠、竞争力强的现代化产业体系，推动我国产业体系

---

① 《加快构建新发展格局　增强发展的安全性主动权》，《人民日报》2023 年 2 月 2 日。

结构调整、转型升级和提质增效，满足国内庞大的市场需求变化，仍然大有空间。

近年来，我国产业体系转型过程中出现了"脱实向虚"现象，制造业增加值占 GDP 的比重在 2006 年达到 32.5% 的峰值后开始呈下降趋势，2011 年之后更是逐年降低，由 2011 年的 32.1% 下降至 2020 年的 26.2%。①我国制造业占比下降得过早、过快，是值得警惕的现象。当前，制造业利润率较低，对社会资本的吸引力偏弱，资本"脱实向虚"问题仍不可忽视。这一趋势不改，不仅会拖累当期经济增长，影响新增城镇就业，未来还可能导致产业"空心化"，削弱我国经济抗风险能力和国际竞争力。因此，以实体经济为着力点建设现代化产业体系，是构建新发展格局的内在需要。

二、建设现代化产业体系的现实基础与面临的主要挑战

建设现代化产业体系，是党中央站在增强我国综合国力和国际竞争力、保障国家安全和民族复兴的战略高度作出的重大决策，我国具备实现这一目标的经济基础和制度优势，也面临着一些需要从深层次体制机制解决的难题。

（一）现实基础：建设现代化产业体系的经济基础与制度优势

近年来，中央着眼于推动经济高质量发展，全面梳理和分析了产

---

①　根据国家统计局数据，虽然制造业增加值占 GDP 比重 2021 年回升至 27.4%、2022 年升至 27.7%，但这一回升除了制造业本身出现较快增长外，与服务业受疫情冲击更严重、恢复程度不及预期有关。

业链供应链空白点和弱项短板，不断推动产业升级和产业结构持续优化。可以说，加快建设现代化产业体系，我国具备良好的发展态势、坚实的产业基础和独特的制度优势。

从发展态势看，建设现代化产业体系态势向好。数据显示，随着创新投入水平持续提高，我国高技术制造业投资快速增长，2022年高技术制造业占规模以上工业增加值比重达到 15.5%，装备制造业占规模以上工业增加值比重为 31.8%；新兴产品产量快速增长，新技术新业态新应用层出不穷，新能源汽车、光伏产量连续多年保持世界第一；重点领域创新发展取得重大突破，一些前沿方向开始进入"并跑""领跑"阶段，技术创新加快从量的积累向质的飞跃、从点的突破向系统能力提升转变；产业结构不断优化，传统产业改造升级加快，战略性新兴产业加快发展；绿色制造工程成效显著，数字化绿色化转型成效明显，发展动力活力显著增强。与此同时，我国数字经济发展开始走向世界前沿。如我国移动通信实现了 2G 跟随、3G 突破、4G 同步、5G 引领的跨越发展，建成了全球规模最大、技术领先的移动通信网络，实现了"县县通 5G""村村通宽带"，工业互联网已经全面融入了 45 个国民经济大类。

从产业基础看，建设现代化产业体系基础坚实。我国已经建成了门类最为齐全、独立完整的产业体系。我国拥有 41 个工业大类、207个工业中类、666 个工业小类，是全世界唯一拥有联合国产业分类中全部工业门类的国家，形成了以超大规模市场优势和完整产业体系为核心的独特竞争优势。我国产业体系已经深度融入世界产业分工格局，具备在全球范围内整合各种优质资源的能力。特别是制造业生产能力保持高水平稳定趋势，全球 500 多种主要工业产品中，有 40% 以上产品的产量位居世界第一，规模成本优势突出。自 2010 年我国制造业增加值首次超过美国，制造业规模已连续 13 年位居世界第一。2022 年，我国制造业增加值高达 33.5 万亿元，占全球制造业比重接近 30%。

从制度优势看，建设现代化产业体系优势独特。我国具有独一无二的体制优势和产业发展资源动员能力。过去，我国完善产业体系的形成，就得益于我国超强大的资源整合能力、基层动员能力和社会主义制度优势。未来，要构筑现代化产业体系新引擎，培育壮大战略性新兴产业，不断塑造发展新动能，依然需要拥有对各类生产要素的强大动员组织能力，这种独特的制度优势有利于保障我国产业体系形成竞争新优势。

（二）现象观察：我国现代化产业体系建设面临的难题与挑战

当前，我国已经成为农业、工业、科技、交通、金融、网络、数字、能源等重要产业发展大国，产业体系完整，重点产业规模位居世界前列，创新与科技自立自强加快推进。但与此同时，我国产业在质量、效率、竞争力、创新、品牌、前沿技术等方面还有不少提升空间，"大而不强"已经成为我国许多产业当下面临的普遍共性问题。如果从现象来观察，当前制约我国现代化产业体系建设的主要问题，相对突出地表现在以下几个领域。

一是产业自主创新能力和基础能力相对弱，关键核心技术受制于人的现实依然严峻。尽管近年来我国科技创新能力稳步提升，但技术水平与发达国家相比仍然存在较大差距，支撑"高精尖"发展的核心基础零部件及元器件、关键基础软件、关键基础材料、先进基础工艺等基础问题，与国际先进水平存在较大差距。

二是由于创新水平不足，在全球产业链分工体系中，许多仍处于附加值相对低的加工组装环节，产业价值链高端环节占比相对较低。

产业链供应链稳定存在压力，自主可控和安全保障能力亟待提升。产业国际化程度有待深化，企业全球化经营能力不足。

三是产业结构亟待升级，低端产能过剩与高端产能不足并存。在一些制造业领域，出现了低端产能相对过剩的情况。真正体现综合国力和国际竞争力的大型数控装备、智能装备等高科技产品有效供给不足，生产性服务业发展滞后。

四是中小企业信息化和数字化转型相对落后。处于传统产业领域的企业尤其是中小企业利润率较低，在数字化转型的资金投入方面颇为谨慎。企业更多将应用的重点放在自动化设备等硬件设施升级上，对工业设备联网和数据采集重视远远不够，处于传统产业领域的企业在数字化转型中存在"重硬轻软"现象。

除此之外，我国产业体系还面临着关键要素短板突出、支撑能力不强、创新资源整合不够、金融体系支撑能力不足等难题，这些问题也在一定程度上形成了共识。从可观察的真实世界现象出发，对问题背后的学理进行分析，有助于为解决上述问题提供政策思路。

（三）学理分析：理解我国现代化产业体系建设难题的解释框架

理解当前我国现代化产业体系建设出现的各类现象，关键是要厘清企业经济行为的微观逻辑。

第一，产业是企业的集合，但企业是微观市场行动的主体。正确认识"产业"这个经济学概念，是理解现代化产业体系发展困境的前提。从产业经济理论来看，"产业"是提供同类产品或服务的企业集合，但从行动学逻辑来看，"产业"并不是经济行为的主体。习近平总书记曾指出，"加快转变经济发展方式，重点在于优化产业结构、消化过剩产能，最终要落实到一家家企业上"①。因此，"提升产业创新能力""巩固优势产业领先地位""促进产业结构调整""传统产业转型升级""加快发展数字经济""加快制造业数字化智能化转型""推动制造业绿色低碳发展"等一系列立足于产业层面、有助于现代化产业体系建设的政策导向，最终都还需要由"产业"中的具体"企业"来完成。

第二，在政府给定的政策和制度体系约束下，微观市场主体有"自利"行为选择倾向。所谓现象，无非是企业行为"选择"后呈现出来的结果。要注意的是，这里的"自利"不等于"自私"，可将其理解为：在已有政策和制度体系约束范围内，企业倾向于作出有利于自身利益的决策。而政府作为政策和制度体系的供给者，一方面约束和规范着企业个体的经济行为选择，另一方面政府自身的行为也同样受政府之间竞争程度的影响。理解企业的经济行为选择，需要从分析约束企业和政府行为的政策和制度体系入手，具体问题具体分析。

第三，企业家是企业组织中最重要的人力资本，有效率的经济组织是使其发挥作用的关键。人具有能动性，任何人力资本包括企业家，都需要在合理的激励机制下才能主动发挥作用。有效率的经济组织，要使个人努力带来的私人收益率尽可能接近社会收益率。否则，在提升创新能力、促进结构调整等方面，可能出现对企业家激励不足的现象。邓小平曾深刻指出，"不重视物质利益，对少数先进分子可以，对广大群众不行，一段时间可以，长期不行"②。当前来看，放宽市场准入限制、降低制度性交易成本、为企业家营造良好社会氛围等

---

① 中共中央文献研究室编：《习近平关于科技创新论述摘编》，中央文献出版社 2016 年版，第 93 页。

② 《邓小平文选》第二卷，人民出版社 1994 年版，第 146 页。

等，都有助于构建起激励有效的经济组织。

从上述逻辑框架出发，要理解我国现代化产业体系建设面临的各类难题挑战等客观现象，可以首先问："为什么一些企业缺乏创新压力、能力和动力？"逻辑表明，如果企业不需要创新仍可获得高收益，企业创新压力就弱化。如果缺乏有效的创新成本分担制度安排，企业创新能力就难以系统性提升。如果创新的收益不能排他性获取，创新动力就减弱。同样，企业选择在产业链的哪个环节从事生产，资源会流向哪些产业领域，也是企业在既定的政策和制度体系下主动"选择"的结果。改变约束行为的规则，才有助于引导微观行为的选择。因此，解决现代化产业体系建设存在的问题，要找准约束政府和企业行为的政策和制度体系，尊重企业创新主体地位，通过深化体制机制改革，构建起一套激励相容① 的制度安排。

三、为建设现代化产业体系提供有效的政策支持

加快建设现代化产业体系，政策基点导向要聚焦实体经济和制造业，特别是要保持制造业比重基本稳定，在此前提和基础之上，着力提升产业链供应链韧性和安全水平、完善以企业为主体的产业创新生态体系，不断为建设现代化产业体系提供有效的政策支持。

（一）政策基点导向要聚焦实体经济和制造业

党的二十大报告提出，坚持把发展经济的着力点放在实体经济

---

① 激励相容的制度安排是指，制度体系能够让市场微观主体在追求个人利益的同时，同步实现宏观政策的总体目标。

上。习近平总书记也特别强调："政策基点要放在企业特别是实体经济企业上，高度重视实体经济健康发展，增强实体经济赢利能力。"①加快建设现代化产业体系的整体政策导向，必须要以实体经济为基点，推动资源要素向实体经济集聚、政策措施向实体经济倾斜、工作力量向实体经济加强。

把发展经济的着力点放在实体经济上、保持制造业比重基本稳定，需要进一步优化实体经济发展的政策和制度约束条件，为企业投资实体经济特别是投资制造业提供内在激励，为稳定其比重提供更有利的政策环境。

一方面，要平衡好对传统产业和新兴产业的政策支持。我国传统产业存量规模巨大、发展层次不齐、升级潜力充足，远还没有进入"无潜力可挖"的发展阶段。但地方政府在促进产业转型升级过程中，对传统产业"一关了之、一迁了之"的现象仍然存在；各地鼓励发展先进制造业和新兴战略性产业，也存在"盲目投资""一哄而上""高端产业低端化"的现象。保持制造业比重基本稳定，不仅要挖掘传统制造业自身潜力，推动制造业高端化、智能化、绿色化发展；也要努力发展高端制造业，实现全面提升。同时，还要构建优质高效的服务业新体系，推动现代服务业同先进制造业深度融合，为制造业转型创造良好的发展环境。

另一方面，稳定制造业基本面要强化要素支撑。加强对制造业发展所需的土地、资本、能源、人才等生产要素的供应保障，提高工业用地利用效率，保持工业用地的稳定供应；鼓励金融机构扩大制造业中长期贷款、信用贷款规模，增加对中小微企业的贷款；做好大宗商

---

① 《习近平谈治国理政》第二卷，外文出版社2017年版，第77页。

品保供稳价工作；根据制造业结构调整方向，加强技术工人、工程师的在职培训和学校培养。

（二）着力提升产业链供应链韧性和安全水平

提升产业链供应链韧性和安全水平，是构建国家安全体系、提升国家安全能力的关键一环。着力提升产业链供应链稳定性和产业综合竞争力，必须在关系国计民生和国家经济命脉的重点产业领域形成完整而有韧性的产业链供应链。习近平总书记提出，"坚持把做实做强做优实体经济作为主攻方向，一手抓传统产业转型升级，一手抓战略性新兴产业发展壮大，推动制造业加速向数字化、网络化、智能化发展，提高产业链供应链稳定性和现代化水平"①。党的二十大报告对增强维护国家安全能力作出安排部署，特别强调要"加强重点领域安全能力建设，确保粮食、能源资源、重要产业链供应链安全"②。

提升产业链供应链韧性和安全水平，要处理好短期、中期和长期任务。短期来看，需要在关系产业安全发展的领域加快补齐产业链供应链短板，尽快破解一批"卡脖子"技术问题。政策上聚焦推动产业技术变革和优化升级，抓住新一轮科技革命和产业变革带来的机遇，增强传统产业的技术创新能力，强化中国品牌和中国标准，提升国际合作话语权，提升战略性资源供应保障能力。中期需要疏通产业链供应链堵点，解决基础研究与成果转化、市场应用有机衔接问题，确保产业链整体安全。推动产业模式和企业形态根本性转变，需要围绕新

---

① 中共中央党史和文献研究院编：《习近平关于网络强国论述摘编》，中央文献出版社 2021 年版，第 145 页。

② 习近平：《高举中国特色社会主义伟大旗帜 为全面建设社会主义现代化国家而团结奋斗——在中国共产党第二十次全国代表大会上的报告》，人民出版社 2022 年版，第 53 页。

的信息技术与工业技术、新的解决方案、新的应用模式，利用最新的信息技术创新成果与工业技术实现融合。长期来看，则要强链，巩固优势产业的国际领先地位，在关键领域催生出更多具有全球竞争力的市场主体。推动战略性新兴产业融合集群发展，构建新一代信息技术、人工智能、生物技术、新能源、新材料、高端装备、绿色环保等一批新的增长引擎。

提升产业链供应链韧性和安全水平，要不断降低市场机制及其交易成本。企业之所以选择在产业链不同环节从事生产经营活动，本质上是受市场制度性交易成本约束的。降低利用市场的制度性交易成本，企业才会节省因分工带来的市场协调成本，才可能更加专注于产业链特定环节分工，在"干中学"累积的优势基础上进一步拓展自主创新能力。党的二十大报告要求"加快发展物联网，建设高效顺畅的流通体系，降低物流成本"以及"优化基础设施布局、结构、功能和系统集成，构建现代化基础设施体系"，都有助于大幅降低市场机制运行的制度性交易成本。

（三）产业政策的实施要坚持发展和安全并举

2022 年 12 月 6 日，中共中央政治局召开会议分析研究 2023 年经济工作，确立了支撑经济高质量发展的五大政策体系，其中明确提出了产业政策要发展和安全并举。

通过制定产业政策壮大产业规模、调整产业结构、选择产业技术路线，对特定产业、企业或技术进行选择性干预，以非普惠性政策措施挑选并奖励"市场赢家"，是传统产业政策运行的核心逻辑。毋庸置疑，这一套选择性产业政策在过去有力支撑了我国经济高速增长。但是，产业政策也并非"放之四海皆准"，需要有保障其有效实施的基础要件。经验表明，选择性产业政策能否成功实施，与国家发展阶段、产业技术水平、对外经贸格局等因素息息相关。

从国家发展阶段看，过去我国经济发展中的短板很清楚，产业政策只要按照"雁行理论"效仿先行国家，就容易形成产业比较优势。政府此时利用选择性产业政策，可有效降低市场的"试错"成本。从产业技术水平看，先行国家已经探索过的成熟技术具有相对明确的技术标准和技术路线，后发国家引进技术时选择错误技术路线的可能性大大降低。过去我国产业技术水平与发达国家存在显著差距，实施选择性产业政策也存在一些有利条件。从对外经贸格局看，过去我国依赖大规模出口和外向型发展，资源和市场"两头在外"的加工贸易占比较高，政府在产业价值链的中低端环节实施选择性产业政策，积极参与全球产业链供应链体系，也会对发达国家高附加值环节分工形成支撑。

也就是说，在发展追赶阶段、技术较低水平、产业价值链处于低端环节的条件下，政府实施选择性产业政策面临的不确定性较小，可以有效利用"后发优势"，将产业政策重心统一到经济高速增长上来，并以此为主线促进产业规模扩张。但未来哪些产业能够成为发展新动能，什么样的产业结构更合理，政府并不比市场更具信息优势。在新科技和产业革命背景下，我国部分企业和行业逐步走向全球产业技术前沿，未来技术路线选择面临更大不确定性；而随着逆全球化思潮沉渣泛起，利用国际分工体系的机制成本增加，全球产业链供应链不稳定性增强，我国产业向价值链高端环节攀升过程中也存在产业链供应链断裂的安全隐忧。

显然，随着我国经济高质量发展的内外部形势变化，支撑传统产业政策实施的基础条件发生了重大变化，产业政策体系转型已经十分迫切。当下，将产业政策重心统一到高质量发展上来，并以此为主线提升产业发展质量、保障产业安全，已经成为我国产业政策转型的主逻辑。前几年，中央反复强调"产业政策要准"，就是要避免出现"选择性偏差"，把产业政策准确定位到结构性改革方向。当前，中央因时而变，强调产业政策要发展和安全并举，也是与国家发展阶段变化、产业技术水平提升、对外经贸格局演变相适应的。

在这样的背景下，新的产业政策体系，必须提供公平竞争市场环境、营造全员参与创新氛围、稳固产业链供应链合作机制，以此识别出"真正的市场赢家"，筛选出"正确的技术路线"，构建起"安全有韧性的产业链供应链"。这正是产业政策发展和安全并举的核心要义和政策重心。不难理解，"发展"的政策导向是高质量而非高速度，而"安全"的重点则是提升产业链供应链韧性和安全水平。

促进产业高速增长的产业政策，并不会"自然"支撑高质量发展。要实现这一政策目标，传统产业政策需加快实现两个转型：一是由选择性产业政策逐步转变为功能性产业政策。政府通过维护公平竞争，降低交易成本，放宽产业准入，形成更有助于市场运行和竞争机制作用发挥的制度环境。二是由差异化产业政策逐步转变为普惠型产业政策。政府的职能和行为，更多聚焦到为产业创新发展提供普惠的制度环境，逐步减少针对少数目标产业、目标企业和目标技术的补贴。

值得特别注意的是，产业链供应链的韧性和安全，是具有重大外部性的公共产品。功能性和普惠化产业政策，虽然可以为产业中的个体企业提供更好发展环境，但产业链供应链的经济本质是在市场专业化分工基础上形成的合作关系，个体企业缺乏协调产业链整体复杂合作关系的内在激励，客观上存在一定程度的市场失灵。因此，要提升产业链供应链韧性和安全水平，政府责无旁贷。站在产业链供应链整体高度，厘清短板和堵点，挖掘长板和优势，促进上下游融通协同，为关键环节提供更精准政策支持。一言以蔽之，政府要以产业链思维为导向构建良好的产业链生态，以此提升产业链供应链韧性和安全水平。

（四）完善以企业为主体的产业创新生态体系

要构建与建设现代化产业体系要求相匹配、满足产业转型升级重大需求的创新生态体系，有效的激励机制是关键。

第一，深化要素市场化配置体制机制改革，为企业创新提供准确的价格信号和行为激励。我国要素市场发育仍然是高水平社会主义市场经济体制的短板和薄弱环节，要让企业真正感受到创新压力，必须推进要素市场化制度建设，加快要素市场化流动，减少要素配置扭曲，确保高端要素流向产业链的高端环节。

第二，构建协助企业应对风险和不确定性的定价机制和制度安排，提升企业创新能力。降低专业化投资的入市门槛，利用资本市场将创新的巨大不确定性进行分散化处理，为投资人以股权形式共担不确定性提供激励，是协助企业应对创新不确定性的关键。深化金融供给侧结构性改革，加强资本市场基础制度建设，逐步放松资本市场存在的准入性管制，有助于系统提升企业创新能力。

第三，激发弘扬保护企业家精神。为企业家创造一个良好的社会环境，加强对企业家人身和合法财产的保护，稳定企业家投资预期，进一步简政放权，构建亲清政商关系，让企业家"心无旁骛"地从事自主创新。

第四，提供激励相容的制度安排。当前，从创新的资金支撑来看，对基础研发难以进行有效率的市场化定价，许多创新活动缺乏相应的资本补偿机制。从企业内部来看，对职务发明缺乏市场化定价机制，非价格激励已经难以适应快速的创新需要。对技术骨干贡献的定价，也存在一些持股、分配等领域的制度性障碍。激活企业创新动力，需要有相应的对创新贡献进行合理市场化定价的制度安排。要优化对创新行为的定价机制，形成鼓励企业追求价值链高端环节和从事关键技术研发的激励。

第五，强化竞争政策的基础性地位。确立竞争政策的基础性地位，就是要从以选择性产业政策为主的政策体系转向以竞争政策为主的功能性产业政策体系。其中的竞争政策，是在公平竞争的规则和制度环境下，进一步约束政府行为，由市场力量来决定竞争胜负的制度化准则。本质上是在更好发挥政府作用的同时，由市场发挥资源配置的决定性作用，建立公平开放透明的市场规则和法治化营商环境，为激发市场主体创新的内生动力营造公平竞争环境。

第十二章
深化国资国企改革

　　党的二十大强调指出，加快构建新发展格局、着力推动高质量发展必须构建高水平社会主义市场经济体制，为此要坚持和完善社会主义基本经济制度，毫不动摇巩固和发展公有制经济，深化国资国企改革，加快国有经济布局优化和结构调整，推动国有资本和国有企业做强做优做大，提升企业核心竞争力。完善中国特色现代企业制度，弘扬企业家精神，加快建设世界一流企业。这宣示了中国式现代化中国资国企的使命任务和功能定位，为当前国资国企改革提供了基本遵循。中国式现代化进程中，国资国企要围绕党的中心任务，按照中国式现代化的本质要求进一步深化改革，加快国有经济布局优化和结构调整，加快建设现代新型国有企业，提升企业核心竞争力，打造世界一流企业，为全面建设社会主义现代化国家、实现中华民族伟大复兴的中国梦发挥更大作用。

　　一、深化国资国企改革必须全面体现中国式现代化的本质要求

　　党的二十大概括提出并深入阐述了中国式现代化理论，明确宣示新时代新征程的中心任务就是以中国式现代化全面推进中华民族伟大复兴，这是重大的理论创新，是科学社会主义的最新重大成果。推进中国式现代化是一个系统工程，是探索性、开创性的事业，要毫不动摇坚持中国式现代化的中国特色、本质要求、重大原则，确保中国式现代化的正确方向，正确处理好顶层设计与实践探索、战略与策略、守正与创新、效率与公平、活力与秩序、自立自强与对外开放等一系列重大关系，着眼于重大理论与实践问题，大力推进改革创新，构建高水平社会主义市场经济体制，充分激发全社会创造活力，推动加快构建新发展格局，着力推动高质量发展，全面建设社会主义现代化强国。

（一）深化国资国企改革是践行"两个毫不动摇"方针，坚持和完善社会主义经济制度的必由之路，是确保"公有制为主体、多种所有制经济共同发展"的必然要求

中国式现代化是人口规模巨大、全体人民共同富裕的现代化，必须坚持把实现人民对美好生活的向往作为现代化建设的出发点和落脚点，着力维护和促进社会公平正义，坚决防止两极分化。这就需要在中国共产党的领导下，坚持中国特色社会主义道路，以经济建设为中心，不断完善社会主义市场经济体系，创造更为丰富强大的物质基础。国资国企作为我国公有制经济的实现主体，蕴含着社会主义市场经济演化发展的性质与方向，体现着推动生产力系统优化提升的可能性边界，是社会主义市场经济的主导力量。毫不动摇巩固和发展公有制经济，就是要构建顶层统筹、权责明确、运行高效、监管有力的国有经济管理体系，在完善国有经济安全责任、质量结构、资产和企业管理的基础上，深化国有企业改革，做强做优做大国有资本和国有企业，提升国企核心竞争力，促进国有资产保值增值，发挥国有经济的主导作用和战略支撑作用，进一步夯实中国特色社会主义的物质基础和政治基础。

（二）深化国资国企改革是构建高水平社会主义市场经济体制，服务构建新发展格局、推动高质量发展、促进共同富裕、维护国家安全的关键环节

高质量发展是全面建设社会主义现代化国家的首要任务，是体现中国式现代化的本质要求，是推动实现物质文明与精神文明相协调的关键路径。为此，必须坚持加快构建以国内大循环为主体、国内国际双循环相互促进的新发展格局，把实施扩大内需战略同深化供给侧结构性改革有机结合起来，增强国内大循环内生动力和可靠性，提升国际循环质量和水平，加快建设现代化经济体系，着力提高全要素生产率，着力提升产业链供应链韧性和安全水平，着力推进城乡融合和区域协调发展，推动经济实现质的有效提升和量的合理增长。深化国资国企改革是进一步明晰国有企业的发展使命，使其成为建设现代化经济体系主力军。在不断完善中国特色现代化企业制度基础上，以建设创新引领、协调发展的现代化产业体系为主要着力点，推进实体经济和制造业高质量发展，加快建设制造强国、质量强国、航天强国、交通强国、网络强国、数字中国，加快发展先进制造业和战略性新兴产业，推进产业基础高级化、产业链现代化，推进全面乡村振兴和区域协调发展。

（三）深化国资国企改革是建设社会主义市场经济条件下新型举国体制，实施科教兴国战略，实现高水平科技自立自强的重要途径

中国式现代化，展现了不同于西方现代化模式的新图景，是一种全新的人类文明形态。推进中国式现代化是一个探索性事业，要把创新摆在国家发展全局的突出位置。党的二十大强调指出，教育、科技、人才是全面建设社会主义现代化国家的基础性、战略性支撑。必须坚持科技是第一生产力、人才是第一资源、创新是第一动力，深入实施科教兴国战略、人才强国战略、创新驱动发展战略，开辟发展新领域新赛道，不断塑造发展新动能新优势。一直以来，国有企业都承担着重大基础设施、公共服务工程和工业技术装备重大项目研究建设的任务，突破和掌握了大量关键核心技术，累积了大批研究型和工匠型人才，制造出一系列高附加值的尖端产品，在载人航天、探月工程、深海探测、高速铁路、商用飞机、特高压输变电、移动通信等领域取得了一批具有世界先进水平、标志性的重大科技创新成果，基础性研发制造实力雄厚。新时代新征程中，深化国资国企改革就是要进一步强化国有企业创新主体地位，充分发挥其创新策源地功能，进行原创性引领性科技攻关，并通过建立产业链，提供技术装备、人才服务等方式，引导各类创新要素资源在不同产业、地区和行业之间更加合理流动，带动相关企业，尤其是上下游中小微企业形成创新联合体，推动创新链产业链资金链人才链深度融合，打赢关键核心技术攻坚战，确保大国产业安全。

（四）深化国资国企改革是积极稳妥推进碳达峰碳中和，推动人与自然和谐共生的重要战略举措

中国式现代化是人与自然和谐共生的现代化。推进中国式现代化必须强化人与自然的生命共同体意识，尊重自然、顺应自然、保护自然，牢固树立和践行绿水青山就是金山银山的理念，坚持可持续发展，坚持节约优先、保护优先、自然恢复为主的方针，站在人与自然和谐共生的高度谋划发展。为此，必须强化高质量发展的低碳化要求，加快推动产业结构、能源结构、交通运输结构等调整优化，推进各类资源节约集约利用，加快构建废弃物循环利用体系，发展绿色低碳产业，健全资源环境要素市场化配置体系，加快节能降碳先进技术研发和推广应用，倡导绿色消费，推动形成绿色低碳的生产方式和生活方式。国有企业作为我国在关系国家安全与国民经济命脉的重要行业和关键领域的重要主体，是我国碳排放的重点单位，必须通过深化改革在积极稳妥推进碳达峰碳中和战略中发挥示范引领作用，深入推进能源革命，在加强能源产供储销体系建设、健全碳排放权市场交易制度等领域不断创新，推动能源供给侧结构性改革，全面服务能源消费方式变革，推动能源利用效能提升，服务构建低碳新模式、新业态，实现绿色生产推动绿色生活。

（五）深化国资国企改革是践行全人类共同价值，构建人类命运共同体，维护世界和平发展的使命自觉

中国式现代化是走和平发展道路的现代化。习近平总书记指出："中国式现代化，打破了'现代化＝西方化'的迷思，展现了现代化的另一幅图景，拓展了发展中国家走向现代化的路径选择，为人类对更好社会制度的探索提供了中国方案。"①自党的十八大报告首次提出"倡导人类命运共同体意识"、2013 年提出"一带一路"倡议以来，中国通过合作构建中国—东盟命运共同体、中拉命运共同体、中非命运共同体、中国—南亚东南亚命运共同体、中国—中亚命运共同体、中阿命运共同体、中国—中东欧国家合作、中国—太平洋岛国命

---

① 《正确理解和大力推进中国式现代化》，《人民日报》2023 年 2 月 8 日。

运共同体、上合组织命运共同体等方式，使"命运共同体"意识成为覆盖全球 80% 区域与人口的共同追求，也使中国与拉美、非洲、南亚、阿拉伯世界等广大发展中国家的双多边关系有了更宽广的努力目标。同时，以国有企业为主体全面推动实施了中老铁路、比雷埃夫斯港、蒙内铁路、匈塞铁路、雅万高铁等一大批标志性项目，为世界和平发展、共享繁荣作出了巨大贡献。新时代新征程中，百年未有之大变局深刻演化，国资国企参与"一带一路"建设面临着复杂局势，政治和地缘政治风险、市场财务风险和法律风险较高，行业标准差别较大。同时，适应于国际化经营发展，国有企业在国际化经营能力、人才保障、同行竞争以及舆情应对等方面还存有不少短板。为此，必须深化国资国企改革，做好风险预防顶层设计，优化海外核心利益保护手段，大力推进中国标准"走出去"的力度，对标世界一流跨国经营企业的做法，苦练内功，完善境外投资管理考核机制，积极培育国际化人才，加强同行业协调与监管，推进规则标准互联互通，强化法律规制保障，通过项目合作、知识合作、人文交流合作、媒体合作，在国际社会讲好中国国企参与和平发展、共建人类命运共同体的故事。

二、深化国资国企改革必须以提高核心竞争力和增强核心功能为重点

作为贯彻落实习近平总书记关于国有企业改革发展和党的建设系列重要论述的生动实践、近年来党和国家着力推动的标志性重大工作，国企改革三年行动落地收官，取得了一系列重大成果，推动国资

国企领域发生了全局性根本性转折性变化：中国特色现代企业制度更加成熟定型，国有经济布局结构实现整体性优化，国有企业科技创新体制机制不断完善，市场化经营机制取得大范围深层次突破，以管资本为主的国资监管体制更加健全，改革抓落实工作机制扎实有效。

当前，世界百年未有之大变局加速演进，新一轮科技革命和产业变革深入发展，国际力量对比深刻调整，逆全球化思潮抬头，单边主义、保护主义明显上升，世界经济复苏乏力，局部冲突和动荡频发，全球性问题加剧，世界进入新的动荡变革期。我国改革发展稳定面临不少深层次矛盾躲不开、绕不过。在国资国企领域，更好贯彻中国式现代化的本质要求、推动高质量发展还面临着不少挑战。尤其是我国经营性国有资产规模大，一些企业资产收益率不高、创新能力不足，同国有资本和国有企业做强做优做大、发挥国有经济战略支撑作用的要求不相适应。因此，新时代新征程上，要在巩固已有改革成果基础上，谋划新一轮深化国资国企改革行动，不断优化完善国有经济布局，坚持分类改革方向，健全以管资本为主的国资管理体制，发挥国有资本投资运营公司作用，以市场化方式推进国企整合重组，打造一批创新型国有企业，推动国有资本进一步向重要行业和关键领域集中。以提高核心竞争力和增强核心功能为重点，加快建设产品卓越、品牌卓著、创新领先、治理现代的世界一流企业，服务构建新发展格局，打造战略科技力量，加快建设现代化产业体系，提升产业链供应链韧性和安全水平，以中国式现代化全面推进中华民族伟大复兴这个中心任务的实现。

（一）深入总结和运用好新时代国企改革的宝贵经验

党的十八大以来，以习近平新时代中国特色社会主义思想为指导，形成了关于国资国企改革的系统逻辑和方法论，推动国资国企进行了历史性、系统性、整体性改革，取得了历史性成就，积累了宝贵经验，使得国有企业在经济高质量发展上发挥了顶梁柱作用，在保障党和国家重大战略落地上发挥了主力军作用，在推进高水平科技自立自强上发挥了国家队作用，在更好满足人民对美好生活的向往上发挥了先锋队作用。在新时代新征程上，继续深化国资国企改革要充分吸收这些经验并不断拓展，不断提升改革的系统性、效率性、持续性和公平性。

一是把牢指导思想。要全面贯彻习近平新时代中国特色社会主义思想，把握其中蕴含的世界观和方法论，坚持好、运用好贯穿其中的立场观点方法，必须坚持人民至上，必须坚持自信自立，必须坚持守正创新，必须坚持问题导向，必须坚持系统观念，必须坚持胸怀天下，以习近平总书记关于国资国企工作的重要论述与批示指示精神统领国企改革。二是把牢重大原则，把党的领导贯穿国企改革全过程各方面。坚持和加强党对国有企业的全面领导，要坚决防止以深化改革为名弱化党的领导，坚决反对借口同国际接轨，把党的领导和党建工作同生产经营对立起来，弱化甚至否定党的领导和党建工作的错误做法，推动企业党的建设与企业改革发展深度融合，为做强做优做大国资国企提供坚强政治保证。三是把牢使命任务，从服务党和国家事业大局出发谋划推进改革。要从全面建设社会主义现代化国家的战略全局出发，聚焦战略安全、产业引领、国计民生、公共服务等功能，谋划和推进各项改革任务，使改革更好对接发展所需、民心所向，为建设现代化产业体系、加快构建新发展格局，维护我国经济安全、产业安全、国家安全提供坚实支撑。四是把牢正确改革方向，推动国有经济与市场经济更好融合。要站在国家治理体系和治理能力现代化的高度深刻认识国有经济与国有企业的战略地位，坚持和完善社会主义基本经济制度，坚持公有制主体地位和国有经济主导作用不动摇，以经济建设为中心，遵循市场经济规律和企业发展规律深化改革，不断强化提升国有企业独立市场主体地位。五是把牢深化改革方法论，强化改革的系统性、整体性、协同性。树立系统观念，构建强有力的组织推进体系和务实高效的工作推进机制，紧盯重点难点攻坚突破，推动改革系统集成、协同高效。

（二）适应新时代新征程的新要求不断完善国有经济布局

国有经济是公有制经济的重要组成部分，其基本存在形式是国有资本，主要载体是国有企业。《国务院关于 2021 年度国有资产管理情况的综合报告》显示，到 2021 年 12 月底，全国非金融国有企业资产总额 308.3 万亿元，负债总额 197.9 万亿元，国有资本权益 86.9 万亿元；金融企业国有资产总额 352.4 万亿元，负债总额 313.7 万亿元，形成国有资产 25.3 万亿元。此外，全国行政事业性国有资产净资产 42.9 万亿元。三者合计为 155.1 万亿元。国有资产主要分布在关系国家安全、国计民生、基础设施领域及推动经济增长的竞争性领域。全面建设社会主义现代国家新征程的开启，对我国国有经济的功能与作用提出了新要求。新时代新征程上，要围绕更好发挥科技创新引领作用、更好保障与改善民生、统筹发展与安全、共享发展成果助力共同富裕等新使命新任务推动深化国资国企改革，使其成为国家安全、经济安全、产业安全的中流砥柱。

一是更好推动现代化产业体系建设，增强产业引领力，强化在产业链循环畅通中的支撑带动作用。国资国企要下更大气力布局前瞻性战略性新兴产业，加大新一代信息技术、人工智能、新能源、新材料、生物技术、绿色环保等产业投资力度，在集成电路、工业母机、农业育种等领域加快补短板强弱项，持续推动基础固链、技术补链、优化塑链、融合强链。围绕产业链部署创新链，加快在重要领域和节点实现自主可控，增强国内大循环内生动力和可靠性，增强资本、技术、人才等各类要素全球化配置能力，提升国际循环质量和水平。二是强化科技创新主体地位，提升科技创新力，有效发挥在新型举国体制中的关键主体作用。加快原创性引领性科技攻关，尽快取得更多"从 0 到 1"的突破，提升基础研究和应用基础研究能力。大力提高投入产出效率。构建以实效为导向的科技创新工作体系，牵头建设更多高效协同的创新联合体，打通产业应用"最后一公里"。三是强化重要基础设施建设，提高安全支撑力，增强大国发展的托底作用。要提升能源和粮食等初级产品供应保障能力，坚决守住不发生重大风险的底线。四是充分发挥市场在资源配置中的决定性作用，更好发挥政府作用，营造公平竞争市场环境，更大力度促进各类所有制企业共同发展。健全国资监管体制，放大专业化体系化法治化优势，提升监管信息化水平，更好发挥国有资本投资运营公司功能作用。积极稳妥深化混合所有制改革，更好发挥股东作用，提升国有控股上市公司质量，鼓励国有企业与其他所有制企业加强各领域合作，在更深层次更高水平实现优势互补、互利共赢。

（三）以提高核心竞争力和增强核心功能为重点，加快世界一流企业建设

在深化国企改革三年行动的基础上，国有经济布局更加合理、国有企业发展质量不断提升，混合所有制深入发展。在此基础上，新时代新征程国资国企改革必须以提高核心竞争力和增强核心功能为重点，全面构建中国特色现代企业制度下的新型经营责任制，提升国有企业公司治理现代化水平，打造现代新国企。

一是要把党的领导贯穿到公司治理全过程，动态优化国有企业党委（党组）前置研究讨论重大经营管理事项清单。分层分类落实董事会职权，强化外部董事规范管理和履职支撑，完善董事会向经理层授权制度。二是探索建立完善企业内部人才市场，结合实际探索创新更多灵活的激励方式，真正按市场化机制运营，完善具有市场竞争优势的核心关键人才薪酬制度。三是要坚持稳字当头、稳中求进，坚持效益效率相统一，推动国有企业生产经营实现"一增一稳四提升"。"一增"即确保利润总额增速高于全国 GDP 增速，力争取得更好业绩，增大国资国企稳定宏观经济大盘的分量；"一稳"即资产负债率总体保持稳定；"四提升"即净资产收益率、研发经费投入强度、全员劳动生产率、营业现金比率进一步提升。通过"一增一稳四提升"，引导企业更加注重经营成果的真实性和"含金量"，更加注重提升价值创造能力，努力实现投资有回报、企业有利润、员工有收入、国家有税收的高质量发展，全力为保持经济运行在合理区间、促进国民经济持续健康发展提供有力支撑。四是强化对标提升和分类施策，分行业建立可量化可操作的世界一流企业评价体系，深化创建示范、管理提升、价值创造、品牌引领"四个专项行动"，建设一批主导全球产业链供应链价值链的龙头企业，培育一批专精特新"小巨人"企业和单项冠军企业，在不同领域形成百家以上不同层级的典型示范企业。

三、深化国资国企改革必须坚持党的全面领导，构建新时代国有企业党建工作新格局

深化国资国企改革，做强做优做大国有资本和国有企业，要全面贯彻党的二十大关于全面从严治党的战略部署，始终坚持党对国资央企的全面领导，深入贯彻落实习近平总书记在全国国有企业党的建设工作会议上的重要讲话精神，抓实组织、抓实队伍、抓实全面从严治党、抓实责任、抓实宣传思想，加快构建新时代国有企业党建工作新格局，坚持与中国特色现代企业制度相衔接、与企业改革发展中心任务相适应，推动党建工作与生产经营深度融合，以高质量党建引领保障国资央企高质量发展，为国资国企奋进新时代新征程提供坚强保证。

（一）深刻认识新时代新征程上国有企业党的建设面临的新形势新要求

党的二十大强调，全面建设社会主义现代化国家、全面推进中华民族伟大复兴，关键在党。新时代新征程，国有企业的改革发展必须从完善中国特色社会主义制度、提升国家治理能力现代化的高度出发，确立起与深化国有企业改革高度契合的前瞻性发展理念和发展范式，以时代条件和高质量发展的内在需求为基本约束，实施全方位变革，打破"惯性枷锁"，建立高质量发展模式，打造高自我驱动型、高站位前瞻型、高价值集约型、高层次创新型、高品质活力型、高认同共益型企业。与此相适应，新时代国有企业党的建设工作必须以政治建设为核心，全面推进政治建设、思想建设、组织建设、作风建设、纪律建设，把制度建设贯穿其中，深入推进反腐败斗争，不断提

高党的建设质量。在坚持党的领导、加强党的建设中，进一步筑牢国有企业的"根"和"魂"，为国有企业的全面深化改革和基础管理提供精神引领、领导力建设和队伍保障。为此，国有企业党建要以新时代党的建设总要求为基本参照，从企业经营管理的现实条件出发，确立起党建工作的系统方法论，形成明确的党建新思路，打造系统科学的党建运行体系，形成符合企业战略实践需要的党建新模式。

新时代国有企业党的建设工作的具体要求，体现在党的十九大、党的二十大精神中，体现在习近平总书记在全国国有企业党的建设工作会议上的重要讲话精神中，具体安排在中共中央办公厅印发的《关于在深化国有企业改革中坚持党的领导加强党的建设的若干意见》，中共中央组织部、国务院国资委党委印发的《贯彻全国国有企业党的建设工作会议精神重点任务》等文件中。其总的核心就是围绕建设中国特色现代国有企业制度，一以贯之地坚持党对国有企业的领导，秉持实现有利于国有资产保值增值、有利于提高国有经济竞争力、有利于放大国有资本功能的价值准则，通过"四同步""四对接"实现"四个作用"。"四同步"就是：党的建设和国有企业改革同步谋划、党的组织及工作机构同步设置、党组织负责人及党务工作人员同步配备、党的工作同步开展。"四对接"就是：实现体制对接、机制对接、制度对接和工作对接。"四个作用"就是：充分发挥党组领导核心作用、党委政治核心作用、基层党组织战斗堡垒作用和党员先锋模范作用。国有企业党建要在新要求下，从发展实际出发，形成明确的党建思路。

（二）以"六化"推动构建新时代国有企业党建新格局

新时代新征程，坚持不懈用习近平新时代中国特色社会主义思想凝心铸魂。深入学习宣传贯彻党的二十大精神，按照党中央部署开展好主题教育，推动加强党的领导与完善公司治理相统一，巩固国有企业党组织在公司治理结构中的领导核心和政治核心地位，构建确保党组织充分发挥领导核心与政治核心作用的公司治理结构和运行机制，这是中国特色现代企业制度的鲜明特征和本质要求，也是全面从严治党的具体体现。加强党的领导与完善公司治理相统一，主要包括以下"五个统一"：党组织参与重大问题决策与公司治理依法决策相统一，党管干部、党管人才与公司治理依法选人用人相统一，职工民主管理与企业经营者依法行使管理相统一，党的宣传思想工作与企业文化建设相统一，党的反腐倡廉工作与企业透明公开、合规廉洁相统一。为此，必须推动实现国有企业党建工作的"六化"，推动构建新时代国有企业党建新格局。

一是党建工作系统化。用系统的理论和方法重新梳理国有企业的党建工作系统，落实中央关于党建工作经费、党建工作部门人员编制和待遇等方面的有关规定，做好"四对接"，使党建工作这个子系统与企业的其他子系统相匹配。要解决党建工作子系统内部的协同问题，构建大党建工作格局，建立国有企业党纪工团、人力资源和企业文化等部门工作的协调机制，提高党建工作的整体水平和效率。二是党建工作制度化。确保党建工作进入公司章程后，按照党建工作的新要求与国有企业党建工作的实际，重新整合党建工作制度，使党建工作规范化、标准化、流程化。构建体现党的二十大精神，符合新党章和党内有关法规要求的，又适应企业特点的，能促进企业发展和党建工作创新的，与企业其他系统管理制度相衔接的党建工作制度体系。三是党建工作精细化。用精细化的管理理论和方法做好国有企业党建工作，做到党建活动事前精心调查研究和评估，活动精细设计策划和实施，过程精细控制，事后认真考评，并纳入绩效管理。有效防止党建工作的粗放式、拍脑袋式等经验型做法。四是党建工作品牌化。要按照品牌建设规律和要求，打造国有企业党建工作在各个层级、各类活动中的品牌，提高党建工作质量，展示党建工作形象，彰显党建工作价值，提高党建工作影响力。五是党建工作信息化。用信息化、大数据、人工智能技术改进国有企业党建工作，建立党建工作信息化的管理平台、学习交流平台、成果展示平台、数据分析平台、活动创新平台、党建工作考核平台和党建工作信息安全平台，实现线上线下相结合。打造党组织领导工作管控系统和政治建设、思想建设、组织建设、作风建设、纪律建设、制度建设、反腐败斗争、群众工作等方面的管控系统，提高党建工作的效率，使党建工作与时俱进、方便快捷，受党员职工群众的欢迎，增强党建工作的吸引力。六是党建工作动力长效化。要建立一套科学实用的党建工作责任体系和考核体系，进一步改进和完善党委的主体责任、纪委的监督责任、领导人员的"一岗双责"、分管书记的专职责任等制度，制定促进党建工作创新、党建工作融入企业管理的责任清单，改进党建工作述职方式，完善党建工作考核评价体系。构建党建工作激励机制，调动各级组织、党员、干部做党建工作的积极性。把责任机制、考核机制和激励机制结合起来，实现党建工作动力长效化。

第十三章
促进民营企业发展壮大

民营经济是我国国民经济的重要组成部分，为推动经济社会发展发挥了不可替代的作用。我国坚持公有制为主体、多种所有制经济共同发展的基本经济制度，这是坚持社会主义市场经济改革方向、构建高水平社会主义市场经济体制的重要制度基础。党的二十大报告强调，要坚持和完善社会主义基本经济制度，毫不动摇巩固和发展公有制经济，毫不动摇鼓励、支持、引导非公有制经济发展，着力优化民营企业发展环境，促进民营经济发展壮大。这为民营企业的健康发展提供了根本性、全局性的政策支撑。在政策的具体部署与落实上，2022年中央经济工作会议明确提出"要从制度和法律上把对国企民企平等对待的要求落下来，从政策和舆论上鼓励支持民营经济和民营企业发展壮大"。2023年政府工作报告进一步提出，要依法保护民营企业产权和企业家权益，支持中小微企业和个体工商户发展，构建亲清政商关系，为各类所有制企业创造公平竞争、竞相发展的环境，用真招实策提振市场预期和信心。

当前，我国已进入新发展阶段，中心任务是全面实现社会主义现代化强国、实现第二个百年奋斗目标，以中国式现代化全面推进中华民族伟大复兴。这一任务的实现离不开坚实的物质技术基础，民营经济具有"56789"的特征,是夯实社会主义现代化物质技术基础的重要力量。正如习近平总书记深刻指出的,"民营经济是我们党长期执政、团结带领全国人民实现'两个一百年'奋斗目标和中华民族伟大复兴中国梦的重要力量"①。站在新的历史起点,总结民营企业发展壮大的客观规律与驱动因素,识别现阶段民营企业发展中的问题和挑战,明确民营企业高质量发展的核心任务,对于促进民营企业的发展壮大至关重要。

一、"从无到强"的突破:民营经济的发展历程与重要作用

新中国成立后,我国对生产关系进行调整,完成了对农业、手工业和资本主义工商业的社会主义改造,因而在改革开放前,国民经济主要包括全民所有制和集体所有制两类成分。1953年,全国个体工商户规模约为890万户,而到1978年改革开放前期,个体工商户数量减少到15万户。这一阶段,企业基本属于政府功能的延伸,工业主要产品产量由国家计划、企业执行,在缺少剩余索取权机制和自由流通的市场环境下,企业家精神难以被激发,国民经济缺乏活力。党的十一届三中全会拉开了改革开放的序幕,整个社会对于社会主义的本质、计划与市场是否为社会主义和资本主义的主要区别等问题有了更为统一的认知,思想上的解放为非公有制经济发展打开了政策的大门。

1981年《关于建国以来党的若干历史问题的决议》指出"一定范围的劳动者个体经济是公有制经济的必要补充",一定程度上突破了限制民营经济发展的思想束缚,非公有制经济合法地位得到承认。

---

① 《正确引导民营经济健康发展高质量发展》,《人民日报》2023年3月7日。

1987年党的十三大报告中明确指出"私营经济一定程度的发展，有利于促进生产，活跃市场，扩大就业，更好地满足人民多方面的生活需求，是公有制经济必要和有益的补充"。思想上的解放为民营经济的发展扫除了障碍，到1987年，全国城镇个体工商等各行业从业人员已经达到569万人，一大批民营企业蓬勃兴起，海尔、华为等众多现在知名的企业开始起步。关于公有制和非公有制经济的关系，党的十五大、十六大都作出了明确论断，公有制为主体、多种所有制经济共同发展被确立为我国的基本经济制度，在政策导向上，党中央提出要毫不动摇地巩固和发展公有制经济，毫不动摇地鼓励、支持和引导非公有制经济发展，有力促进民营企业的发展壮大。

党的十八大以来，党中央继续保护、支持非公有制经济发展，提出"两个毫不动摇"的政策导向，即毫不动摇巩固和发展公有制经济，毫不动摇鼓励、支持、引导非公有制经济发展。党的十八大提出"保证各种所有制经济依法平等使用生产要素、公平参与市场竞争、同等受到法律保护"；党的十八届四中全会通过了《中共中央关于全面推进依法治国若干重大问题的决定》，提出"健全以公平为核心原则的产权保护制度，加强对各种所有制经济组织和自然人财产权的保护，清理有违公平的法律法规条款"；在2018年11月召开的民营企业座谈会上，习近平总书记充分肯定我国民营经济的重要地位和作用，厘清了社会上有关"民营经济离场论""新公私合营论"等思想认识误区。这一系列体制机制变革为民营企业家吃了"定心丸"，随着营商环境的不断改善，民营企业取得长足发展。截至2022年，我国民营企业数量已增长至4701.1万户，在企业总量中的占比提高到93.3%，是1978年的313倍，仅2021年，全国新设民营企业就达到852.5万户，同比增长11.7%。民营企业在稳定经济中增长、扩大就业、推动创新、对外开放方面都发挥了重要主体作用。民营企业对国民经济的贡献可以用"56789"概括——对税收的贡献率超过 50%，对国内生产总值、固定资产投资以及对外直接投资的贡献率超过 60%，占高新技术企业比重超过 70%，对城镇就业贡献率超过 80%，对新增就业贡献率更是达到了 90%。同时，民营企业也是近年来我国稳外贸的重要力量，2022 年，我国有进出口实绩的民营外贸企业 51 万家，进出口值达到 21.4 万亿元，增长 12.9%，民营企业对我国外贸增长的贡献率达 80.8%。

党的二十大报告和中央经济工作会议进一步从制度法律等顶层设计层面、民营企业发展目标和深化体制改革等方面擘画了促进民营经济发展壮大的宏伟蓝图。在制度和法律上，重在完善产权保护制度、市场准入制度、公平竞争制度、社会信用制度等市场经济基础制度，全面梳理修订涉企法律法规政策，持续破除影响平等准入的壁垒，反对地方保护和行政垄断，为民营企业开辟更多发展空间，依法保护民营企业产权和企业家权益，切实落实国企民企平等对待的要求。在发展的目标和方向上，着力点是完善中国特色现代企业制度，弘扬企业家精神，加快建设世界一流企业。在深化体制改革方面，政府要为民营企业发展创造良好的市场秩序和营商环境，继续在构建全国统一大市场、深化要素市场化改革上发力，要进一步简政放权、放管结合、优化政府服务，为民营企业解难题、办实事，构建亲清政商关系。

二、一以贯之的政策支持：民营企业发展壮大的重要前提

习近平总书记指出："我国非公有制经济，是改革开放以来在党

的方针政策指引下发展起来的。"① 通过梳理我国民营经济发展壮大的历史过程，可以发现党和国家的鼓励和支持是民营企业得以健康发展的重要前提。我国民营企业是从无到有逐渐发展起来的，其发展历程生动地展现出坚持生产力标准，不断解放思想、锐意改革对于经济社会发展的重要推动作用。

改革开放初期，制约民营企业发展的最大阻碍就是其所有制性质问题，即民营经济、个体经济是否存在资本主义剥削。党中央意识到我国仍处于生产力欠发达的社会主义初级阶段，为解放和发展生产力，需要在相当长的历史时期内，承认多种经济成分共存的必然性。1981 年，《国务院关于城镇非农业个体经济若干政策性规定》提出，能够作为国营经济和集体经济必要补充的个体经济的判断标准，即遵守国家政策和法律、不剥削他人劳动，一般为一人或家庭经营，必要时经过批准可以请 1—2 个帮手，如果技术性较强或者有特殊技艺的，可以最多带不超过 5 名学徒。到 1983 年，这一标准放宽为最多不超过 10 名学徒。在雇工问题上，国家明确规定，雇用 8 人以上就算资本主义私营企业。当时安徽的"傻子瓜子"雇用人数超过百人，面对争议，邓小平在中顾委第三次全体会议上说："前些时候那个雇工问题，大家担心得不得了。我的意见是放两年再看。那个能影响到我们的大局吗？如果你一动，群众就说政策变了，人心就不安。让'傻子瓜子'经营一段，怕什么？伤害了社会主义吗？"② 这明确地传递出了维持政策预期稳定，支持民营经济发展的信号。民营企业在发展过程中逐渐成为社会主义市场经济体制微观主体的重要组成部分，伴随

---

① 习近平：《在民营企业座谈会上的讲话》，人民出版社 2018 年版，第 1 页。
② 《邓小平文选》第三卷，人民出版社 1993 年版，第 91 页。

着经济改革的目标被明确为建立社会主义市场经济体制，民营企业的发展空间在政策上和实践中都不断拓展。

对民营企业一以贯之的政策支持是民营企业不断发展壮大的重要推动力量，这些政策通过以下机制发挥作用。第一，在思想上承认物质利益原则，肯定民营经济存在的合理性。民营企业的经营目标是获取收益，然而在计划经济时期，生产资料完全公有制，以按劳分配为基本原则，这就在一定程度上抑制了物质利益原则对人们的激励作用。改革开放后，党中央肯定了个体经济对搞活经济、繁荣市场、方便群众、安置就业方面的积极作用，也就是肯定了民营经济存在的合理性。确立社会主义市场经济体制的改革目标后，市场经济的基本规律愈发被认识和尊重，而在这一过程中民营企业逐渐发展壮大。

第二，在顶层设计上，将社会主义基本经济制度写入宪法，为民营企业提供了来自根本大法的合法性支撑。我国宪法第六条规定："国家在社会主义初级阶段，坚持公有制为主体、多种所有制经济共同发展的基本经济制度，坚持按劳分配为主体、多种分配方式并存的分配制度。"这就以法律形式确认了非公有制经济的合法性地位，确认了资本、劳动、技术、数据、土地等多种生产要素参与社会分配的合理性。作为国家根本大法，宪法对非公有制经济的肯定为民营经济发展提供了坚实的法律基础，也为政府鼓励、支持、引导非公有制经济发展提供了法律依据。

第三，在制度上坚持保护民营企业合法权益，为企业家提供稳定的政策预期。改革开放初期，党中央政策文件中就明确指出个体经营者的合法权利和利益依法受到国家保护，任何部门和单位不得侵犯，这一原则一直未曾改变，在 2022 年 12 月召开的中央经济工作会议和 2023 年的政府工作报告中仍有鲜明体现，即强调依法保护民营企业产权和企业家权益。产权能够提供激励，在产权界定清晰的情况下，拥有产权的一方才会有稳定的预期并进行专用性投资，体现在企业经营上，就是追加投资、扩大规模、寻求创新等。如果无法保障经营安全和经营所得收益，企业的投资行为就会偏向短期化，不利于民营企业高质量发展。习近平总书记指出："稳定预期，弘扬企业家精神，安全是基本保障。"① 坚持维护产权制度、依法保护企业家的人身和财产安全，是坚定民营企业经营信心的必要条件。

第四，在机制体制上，坚持有为政府和有效市场相结合的原则，既发挥市场在资源配置中的决定性作用，着力建设高标准市场体系，不断推进社会主义市场经济体制走向完善；又更好发挥政府作用，优化政府管理与服务，坚持简政放权，为民营企业营造竞争公平、秩序规范的营商环境。市场是资源配置最有效率的方式，这是社会主义市场经济的基本规律，发挥市场在资源配置中的决定性作用，就是要减少政府对市场的不当干预，防止政府越位、缺位、错位，使要素和商品价格真实地反映资源稀缺程度和供求关系。同时，我们发展社会主义市场经济，任何时候都不能忘了"社会主义"这个定语，政府在克服垄断、负外部性、提供公共产品、应对周期性经济波动、防止居民收入两极分化等市场失灵方面发挥着重要作用。作为一个从计划经济体制转型到社会主义市场经济体制的后发国家，我国政府在克服市场失灵之外，也发挥了推进市场建构、以产业政策支持重点产业发展以实现赶超的积极有为作用。同时，对非公有制企业的支持性政策导向也充分体现在党的十五大以来的历次中国共产党全国代表大会报告中，尤其是党的十八大以来，推出了一大批支持、鼓励非公有制经济

---

① 习近平：《在民营企业座谈会上的讲话》，人民出版社 2018 年版，第 16 页。

平等发展的顶层改革措施，形成了鼓励、支持、引导非公有制经济发展的政策体系，非公有制经济发展面临前所未有的良好政策环境和社会氛围。

三、良性互动的亲清政商关系：民营企业发展壮大的环境基础

政府与市场关系能否保持健康、稳定是影响营商环境的重要因素之一。在社会主义市场经济条件下，政府决策、政府能力、政商关系对于经济的发展、民营企业的行为都产生了深刻的影响。

第一，政府拥有一定的要素资源配置能力。我国法律法规明确规定市、县人民政府有权按计划、有步骤地行使土地出让权，出让土地的方式、地块、用途、年限和附加条件一般由市县政府部门拟订。我国土地归国家所有或集体所有，地方政府出让的并不是土地的"所有权"，而是土地在一定年限的"使用权"。土地是重要的生产要素，制造业企业、零售商、房地产开发的经营发展都离不开土地，这就将政府和企业以土地出让的方式联系到一起。基于土地使用权，地方政府有能力按照本地区发展规划、产业发展方向优化土地配置。除了有形的土地资源，政府也有责任保障关系国计民生、国家安全等重要行业的市场经营秩序，如为金融、电信、基础设施建设、公共事业领域等行业设置准入资格，进入这些行业必须满足特定条件。

第二，政府拥有重要商品的定价能力。现在我国商品市场和服务市场上，超过97%的价格都能够通过市场竞争自主决定，但输配电、油气管道运输、基础交通运输、重大水利工程供水、重要邮政服务、

重要专业服务、特殊药品及血液等七类项目仍是中央政府定价。这些行业多具有自然垄断性质或公共事业性质，属于产业链上游的重要生产要素，这些领域的安全直接关系国计民生。与此同时，要素资源的价格形成机制也难以完全遵照市场规律，要素市场化配置改革仍需深化。

第三，政府有能力制定产业政策并且有责任根据中央的要求、结合本地实际规划、建设辖区产业。民营企业的发展方向在很大程度上受到地方具体产业政策的导向，这是由于政府明确本地产业发展方向后会出台相应产业政策来招商引资，目标是吸引规模大、盈利高、符合发展方向的企业进驻本地。常见的方式是给予符合条件的企业一定税收优惠、财政补贴或降低地价，或者设立产业园区，通过将产业链前后企业汇集到一处并提供良好的基础设施支持，发挥集聚效应和规模经济优势，提升企业经营效率。这些产业政策能够为特定产业中的民营企业降低经营成本、分摊经营风险，属于选择性产业政策。这类选择性产业政策虽然促使产业近乎从无到有地快速发展，但其弊端在于政策上的支持有可能影响市场竞争，部分企业享有了更低的经营成本或规模更可观的消费市场，基于此，中共中央、国务院在《关于新时代加快完善社会主义市场经济体制的意见》中提出要推动产业政策向普惠化和功能性转型。

基于政府在资源配置、价格制定、产业政策设定等方面所拥有的权力、能力和职责，政府和企业的关系十分紧密，这进一步对建立健康、良好的政商关系提出了更高的要求。2016年3月，习近平总书记在民建、工商联界别组讨论会上提出构建亲清新型政商关系的论述，为正确处理好领导干部和民营企业的关系提供了根本遵循，揭示了社会主义市场条件下政商关系的本质，划定了政商两方打交道的规矩和底线，也拓展了政商合作的空间。所谓"亲"，就是亲近，地方领导干部要为民营企业解难题、办实事，当中小微企业遭遇经营困难的时候，政府应主动想办法纾困解难，采取减税降费等方式主动帮助企业渡过难关。所谓"清"，就是清白，要规避不正当的政商关系，规范领导干部行为，保持清正廉洁，企业和政府相处也要持有清正单纯的动机。例如，在土地出让方面，要真正让招拍挂的方式发挥促进市场竞争、维护公平的作用，提高土地资源的配置效率。在定价方面，要深化要素市场化改革，让要素价格真正反映资源的稀缺程度，提高资源配置效率，利用市场机制协调企业生产。在产业政策方面，要将传统的选择性产业政策逐渐转向竞争中立、市场友好的功能性、普惠化产业政策。同时，要积极推动政府职能转变，不断深化简政放权、放管结合、优化服务改革，为企业经营提供公平健康的营商环境。要用"权力清单"来明确政府的行为界限，坚持"法无授权不可为"；用"负面清单"来明确企业的经营范围，确保"法无禁止皆可为"；用"责任清单"来明确政府的市场监管范围，做到"法定职责必须为"。

四、问题导向下的新政策：民营企业发展壮大的强大动力

当前，民营企业发展面临一定困难，可生动地概括为三座山：市场的冰山、融资的高山、转型的火山。在市场层面，当前我国经济运行面临的突出矛盾是总需求不足，中央经济工作会议提出必须大力实施扩大内需战略，明确释放了进一步促进消费、扩大有效投资的积极信号，有望为民营企业经营提供更广阔的市场空间。在融资方面，由于资本市场尚不健全，民营企业融资一般还是采取向银行贷款的直接

融资模式，但银行的动机是确保贷款可收回、可盈利，相比于稳定安全大规模的国有企业，将款项贷给民营企业，尤其是小微企业的风险更高。如何缓解民营企业的融资约束是未来关系民营企业能否发展壮大的关键，国家已经出台了相应的政策以应对这一问题，如提出着力提高直接融资比重的政策目标。在转型方面，我国已进入高质量发展阶段，当前迫切需要加快构建新发展格局，而关键就在于供给和需求实现更高水平的动态平衡。我国长期以来形成的"两头在外、大进大出"的"世界市场"模式导致国内供给体系主要适应对外出口需求，而由于国内企业多处于全球产业链、价值链的中低端，供给体系难以适应国内日益升级的消费需求。因此，民营企业在提升供给质量上面临转型压力，主要体现在开拓新领域、加强产业科技创新、实现绿色发展等方面。从长远来看，为推动民营企业高质量发展，从根本上解决以上难题，应继续深化改革，不断完善促进民营企业发展壮大的机制体制，主要涉及以下四个方面的政策部署。

（一）以制度、法律为依托切实落实民营企业平等地位

民营企业在法律上和国有企业拥有平等的经营地位，公有制和非公有制都是社会主义经济重要的组成部分，但现实中民营企业在融资、经营、政策支持方面所享有的权利仍有待切实落实。政策和现实的割裂关键在于缺乏可执行、可落实、可监督的制度和法律支撑。虽然我国宪法已经为保护民营经济的合法权利提供了根本法律遵循，党的二十大报告作为新时代党治国理政的纲领性文件，也明确提出了依法保护民营企业产权和企业家权益的要求，但如何在实践中真正把这一要求落实下去，还需要更多切实可行的体制机制改革。比如，在地方执法环节，对于涉及不公平竞争和准入限制的条款，要加快梳理和废止。2021 年，市场监管总局等五部门就印发了《公平竞争审查制度实施细则》，其中规定"对具有排除、限制竞争效果且不符合例外规定的，应当不予出台或者调整至符合相关要求后出台"，这有助于在法律和制度上真正落实民营企业的平等地位。

（二）以建设统一大市场和深化要素市场化改革为抓手持续优化营商环境

为提高市场竞争效率、优化营商环境，真正发挥市场在资源配置中的决定性作用，必须以建设全国统一大市场和深化要素市场化改革这两大重点领域为抓手。建设全国统一大市场的核心是打破地方保护和市场分割，清理限制商品、要素、服务在区域之间自由流动的体制机制障碍，统一市场监管规则和标准，降低市场交易成本，破除各种隐性竞争壁垒。地方政府在传统的竞争秩序下，过度关注本地经济发展绩效，形成了区域封锁、地方保护主义等问题，影响市场的流通和交易效率，比如限制外地商品进入本地销售、为企业进驻设置高门槛等。加快构建全国统一大市场有助于畅通生产、流通、交换、消费各环节，降低民营企业的物流成本、制度成本，通过扩大市场范围，为民营企业提供公平的竞争环境。要素市场化改革则主要锚定城乡统一建设用地市场建设、劳动力在城乡区域之间流动壁垒的破除、科技创新主体和市场主体的整合、数据要素产权交易规则的制定等方面，主旨是提高资源配置效率，防止要素价格的制度性扭曲，真正使市场在资源配置中发挥决定性作用。

（三）以市场经济基础制度建设为关键构建高标准市场体系

高标准市场体系的构建需要有基础性的市场机制体制支撑，党的二十大报告指出,"完善产权保护、市场准入、公平竞争、社会信用等市场经济基础制度",这是构建高水平社会主义市场经济体制的题中应有之义。产权保护制度的关键是保障要素所有者获得要素收益的权力,保障要素所有者的剩余索取权,为民营企业家提供稳定预期,从而更好激发、弘扬企业家精神,形成微观主体有活力的良性激励机制。市场准入制度和公平竞争制度重点解决政府对市场不当干预的问题,对妨碍公平竞争的、人为设定的市场准入门槛进行排查和清理,对歧视性制度要加快调整,不要把民营企业拒之门外,而是让它们能够公平地参与到市场竞争中来。社会信用制度是市场经济运行有效的底层制度,要健全统一的社会信用制度,完善信用信息标准,建立公共信用信息共享机制。《中共中央　国务院关于加快建设全国统一大市场的意见》提出了社会信用制度建设的主要方式,包括"建立健全以信用为基础的新型监管机制,全面推广信用承诺制度,建立企业信用状况综合评价体系,以信用风险为导向优化配置监管资源,依法依规编制出台全国失信惩戒措施基础清单。健全守信激励和失信惩戒机制,将失信惩戒和惩治腐败相结合"等。

(四)以创新链、产业链、人才链高效对接为手段提升民营企业创新效能

构建新发展格局的本质是高水平自立自强,重点需要解决我国在产业链上的短板。我国企业多位于全球价值链的底端,高附加值、高技术复杂度的关键环节往往不为国内企业掌握,这是造成"卡脖子"现象的关键原因。产业是由企业组成的,企业是创新的主体,因此保障产业链安全、提升产业链韧性最终要靠企业。民营企业虽然贡献了我国80%的创新成果,但其创新仍面临一定体制机制上的障碍。创新是一项高风险的活动，需要长期投入大量资金，企业是创新的主体，自然也是创新成本的承担者。激发企业创新动力，首先需要缓解民营企业的融资约束，使其能够有资金进行长期创新投入，这就需要完善投融资机制，或对企业创新予以政策支撑。此外，政府应发挥好搭建产学研创新平台的职责，促进创新链、产业链、人才链高效对接，使科研人员和企业家信息共享、需求共促，提高技术创新的转化率。现阶段，创新仍然是我国这个经济大个头的"阿喀琉斯之踵"，造成这一现象背后的经济学原因就是创新这项高正外部性的活动产生的社会收益和企业创新产生的私人收益不符。因此，发挥企业在创新中的主体性地位，关键在于通过机制体制改革，给予科研人员更强的创新激励，给予企业更多的创新性行为支撑政策，促进科研人员和企业的有效对接，打通创新链、产业链和人才链。

促进民营企业发展壮大不仅是当前提振经济的重要抓手，更是为实现第二个百年奋斗目标夯实物质技术基础的长期举措。为民营企业纾困解难只是一时之策，关键是要破除限制民营企业融资、经营各方面的制度性梗阻，为民营企业提供公平的竞争环境、较低的制度成本和交易成本，真正激发企业家精神，发挥民营企业在稳定经济、促进就业、技术创新各方面的积极作用，切实激发微观主体活力。

第十四章
加快建设全国统一大市场

建设全国统一大市场是畅通国内大循环，构建新发展格局的基础和支撑，也是发挥经济增长潜能的重大战略任务。党的十八大以来，中央高度重视建设全国统一大市场工作。党的十八届三中全会提出，建设统一开放、竞争有序的市场体系，是使市场在资源配置中起决定性作用的基础。党的十九大提出，清理废除妨碍统一市场和公平竞争的各种规定和做法。党的十九届四中全会提出，建设高标准市场体系，完善公平竞争制度，全面实施市场准入负面清单制度。党的十九届五中全会提出，健全市场体系基础制度，坚持平等准入、公正监管、开放有序、诚信守法，形成高效规范、公平竞争的国内统一市场。2021年12月17日，习近平总书记主持召开中央全面深化改革委员会第二十三次会议时强调，构建新发展格局，迫切需要加快建设高效规范、公平竞争、充分开放的全国统一大市场，建立全国统一的市场制度规则，促进商品要素资源在更大范围内畅通流动。党的二十大提出，构建高水平社会主义市场经济体制。构建全国统一大市场，深化要素市场化改革，建设高标准市场体系。第十四届全国人民代表大会第一次会议提出，加快建设全国统一大市场，建设高标准市场体系，营造市场化法治化国际化营商环境。进一步简政放权，放宽市场准入，全面实施市场准入负面清单制度。由此可见，建设全国统一大市场是新时代构建现代化经济体系的重大战略任务。

一、构建全国统一大市场是必要之举

改革开放以来，中央不断深化市场化改革，调动了地方发展经济的积极性，促进了中国经济高速增长及腾飞，但是，一段时间以来，地方政府"GDP至上"的政绩观带了"以邻为壑"的地方保护主义行为，造成了一定程度的重复建设、公平竞争失范、资源配置扭曲等问题，经济循环不畅制约了我国经济社会持续健康发展。党的十八大以来，我国经济发展平衡性、协调性、可持续性明显增强，我国经济迈上更高质量、更有效率、更加公平、更可持续、更为安全的发展之路。当前，我国市场经济发展面临新的内外部环境和新的风险挑战。习近平总书记强调："要进一步深化改革开放，增强国内外大循环的动力和活力。深化要素市场化改革，建设高标准市场体系，加快构建全国统一大市场。"① 建设全国统一大市场，能够进一步培育和激发国内市场潜力，进一步发挥超大市场规模优势，以自身最大确定性抵御外部不确定性。

（一）构建全国统一大市场是新时代新征程重大战略任务

建设全国统一大市场，既是充分发挥我国超大规模市场优势的重大举措，是增强国内大循环内生动力和可靠性、提升国际循环质量和水平的重要内容，也是完善社会主义市场经济体系的内在要求。构

---

① 《加快构建新发展格局 增强发展的安全性主动权》，《人民日报》2023年2月2日。

建全国统一大市场对于促进高质量发展、构建新发展格局具有重大意义。

第一，加快建设全国统一大市场是构建新发展格局的基础支撑。构建新发展格局是我国根据国内外发展形势变化作出的重大战略目标选择。当前国内外环境复杂多变，导致经济下行压力大，乌克兰危机导致全球大宗商品价格上涨，新冠疫情引发产业链供应链稳定遭受冲击，如何畅通国内大循环，培育完整内需体系，建设全国统一大市场是破除堵点、瘀点，实现畅通循环的关键。畅通国内大循环立足扩大内需战略，通过加快建设全国统一大市场，以提升供给质量创造更多市场需求，以优化市场环境释放更大消费潜力，打通制约内需消费的堵点卡点，有利于拓展更广阔的流通空间，以公平公正监管营造更透明营商环境，稳定市场预期，促进经济循环畅通，推动经济持续健康发展。

构建新发展格局，必然要以全国统一大市场为基础。只有国内市场高效联通，打通从市场效率提升到劳动生产率提高、居民收入增加、市场主体壮大、供给质量提升、需求优化升级的通道，形成供需互促、产销并进的良性互动，才能扩大市场规模容量，发挥市场促进竞争、深化分工的优势，进而形成强大国内市场。

第二，加快建设全国统一大市场是构建高水平社会主义市场经济体制的内在要求。高标准市场体系首先应该是高效规范、公平竞争、充分开放的全国统一大市场。我国市场基础制度、市场设施联通水平、要素资源配置效率、监管现代化水平等与推动经济高质量发展的要求相比还有差距。加快建设超大规模的国内统一市场能够实现更高层次的分工协作，推动经济高质量发展，为高水平社会主义市场经济体制夯实基础。

　　第三，加快建设全国统一大市场是建设高标准市场体系的重中之重。我国具有超大市场规模优势，14亿多人口、4亿多中等收入群体、1.5亿市场主体，我国拥有世界上其他国家少有的广泛应用场景。不过市场规模大而不强的问题比较突出，一方面，市场分割问题严重，地方保护主义行为屡见不鲜，政府干预市场行为导致资源配置扭曲。另一方面，统一开放、竞争有序的市场体系尚未形成，信用缺失、垄断行为、不正当竞争、准入限制等比较突出。因此，打造高标准市场体系要以构建全国统一大市场为突破口。

　　第四，加快建设全国统一大市场是破解区域发展不平衡不充分问题的重要举措。我国幅员辽阔，区域条件不一、资源禀赋不同，东西部地区发展差距大，受到过去封闭的小农经济影响，容易形成地方割据的"诸侯经济"，改革开放市场化改革以来，开放更多竞争领域，尤其是商品领域全国统一大市场的难度很大。全国统一大市场并不意味着"一刀切""平均主义"。要遵循经济发展客观规律，一方面促进区域经济发展的一体化，另一方面加快建设全国统一大市场。这对实现高质量的共同发展、共同富裕而言至关重要。

　　第五，加快建设全国统一大市场是实现科技自立自强推进产业升级的现实需要。通过统一大市场需求引导创新资源有效配置，促进创新要素在更大范围内有序流动和合理集聚，支持科技创新及相关产业业态发展，推动重大科技成果转化应用、提升产业链供应链现代化水平，可将我国超大规模市场资源禀赋优势转变为强大竞争力，推动实现高水平自立自强，牢牢把握未来发展主动权。

　　第六，加快建设全国统一大市场是参与国际竞争的重要依托。在立足国内统一大市场、夯实国内大循环的基础上，加快建设充分开放的全国统一大市场，不仅有利于推动国内市场和国际市场更好联通，促进要素跨境自由有序安全便捷流动，形成对全球先进资源要素的强大引力场，还有利于提高国际经济治理中的话语权，在国际竞争和合作中取得新优势。

（二）全国统一大市场的发展历史进程

统一大市场概念是与市场分割相对应的，全国统一大市场建设具有丰富的实践基础支撑，几乎贯穿了中国市场化改革的整个历史进程。新中国成立之初，我国实行中央高度集中的计划经济，中央统一下达指令，地方没有太多自主权，因而几乎不存在地区贸易壁垒和市场分割问题。自1978年改革开放以后，为了发展生产力调动地方积极性，中央下放地方权限，在推进市场化改革的进程中调整中央和地方关系，尤其是进行财税领域的改革，从高度集中的统收统支到"分灶吃饭"、包干制，再到分税制财政体制的改革，财政事权和支出责任划分逐渐明确，特别是1994年实施的分税制改革，初步构建了中国特色社会主义制度下中央与地方财政事权和支出责任划分的体系框架。在整个过程中，地方政府在发展经济获得政治晋升和做大本地财政的双重激励下，有极大的动力上马项目、扶持本地企业，实现本地利益最大化，改革极大调动了地方积极性，促进全国经济快速发展和财税收入增加。不过，由此也带来了地区之间激烈竞争，地区同质化竞争，大搞地区封锁，造成了地区壁垒和市场分割问题。纵观我国统一大市场建设历史进程，主要分为以下几个阶段。

第一阶段，新中国成立之初，中央实行计划经济均衡发展战略。1949年中华人民共和国成立以前，地理和自然条件在中国区域经济的发展中起决定性作用，加上历史的原因，工业发展主要是在东南沿海地区和东北、华北的一些工业中心城市。新中国成立后，"一五"计划到"五五"计划期间（1953—1980 年），政府在区域经济发展的指导思想是平衡生产力布局，以及 20 世纪 60 年代军事安全上的考量更加注重工业项目和投资往内陆地区倾斜和布局。这一时期，各地区都是在中央统一指令下开展经济社会活动，故没有显现地区贸易壁垒和市场分割问题。

第二阶段，20 世纪 80 年代，掀起了各种原料大战。改革开放使得中国劳动力价格低廉、市场广阔的优势充满发挥出来，各地加工工业、乡镇工业像雨后春笋般地出现，各行业的产量迅速扩张，这导致原材料市场比较紧张。1985 年中央政府取消了统一的派购体系，中央政府对市场控制的骤然放松导致地方利益矛盾公开化，引发了改革开放后第一次大规模的原料大战。当时主要是很多生产原材料和农产品的省份都大量投资于加工工业，造成全国加工业规模过大。当原料不足，各地加工工业都要"找米下锅"的时候，原材料的价格飙升，生产省份为了控制价格和原料的流出量，便演变成"羊毛大战""蚕茧大战""苎麻大战""棉花大战""煤炭大战"等，即地区分割通过价格控制和产品短缺来获得租金。

第三阶段，20 世纪 90 年代之后，主要表现为商品市场封锁，地方政府阻碍外地商品流入本地市场。进入 20 世纪 90 年代以后，保护本地市场的具体措施已经由一些"硬性"的分割形式（如全面禁止产品进入）发展到"软硬兼施"的地步。所谓"软"就是隐蔽的行政和技术壁垒，包括党政部门的采购政策、发牌程序甚至是环保措施。伴随地方保护主义的是各地区都发展相同的产业，重复建设、投资效率低下、地区经济结构趋同等问题严重。地方保护阻碍了商品和要素在全国范围内的自由流动，削弱了市场机制优化资源配置的有效性，不利于发挥地区比较优势和形成专业化分工，也不利于获得规模效益，往往还是市场无序竞争的根源之一。

为打破地区封锁和市场分割问题，党中央、国务院发布了一系列关于建设统一市场的方针政策与法律法规。如1980年10月颁布《国务院关于开展和保护社会主义竞争的暂行规定》，明确提出必须打破地区封锁和部门分割。1993年实施《中华人民共和国反不正当竞争法》等一系列旨在打破垄断、建设统一市场的法案。同时，党的各次全国代表大会与多次中央全会都以各种形式的提法坚持市场取向的改革。如党的十三大提出要"加快建立和培育社会主义市场体系"；党的十四大提出要"尽快形成全国统一的开放的市场体系"；党的十五大提出要"尽快建成统一开放、竞争有序的市场体系"。

进入21世纪后，党和国家进一步加强整顿和规范市场经济秩序，提出要坚持以邓小平理论和"三个代表"重要思想为指导，牢固树立科学的发展观和正确的政绩观，坚持标本兼治、着力治本方针，强化市场监管，加快长效机制建设，继续紧紧抓住关系人民群众身体健康、生产安全和切身利益的突出问题，促进公平竞争、净化消费环境、扩大内需、扎扎实实地推进整顿和规范市场经济秩序工作，为完善社会主义市场经济体制，促进国民经济持续快速协调健康发展提供有力保障，推进社会主义和谐社会建设。党的十六届三中全会、党的十七大分别提出要建设和加快形成"统一开放竞争有序的现代市场体系"。这些方针政策、法律法规的出台，对解放思想、打破商品资源要素流动的障碍、发育各类专业市场、完善监管机制等都起到了积极的推动作用。

党的十八大以来，习近平总书记高度重视全国统一大市场建设。

党的十八届三中全会提出"建设统一开放、竞争有序的市场体系，是使市场在资源配置中起决定性作用的基础"。《中共中央　国务院关于加快建设全国统一大市场的意见》提出，要强化市场基础制度规则统一，推进市场设施高标准联通，打造统一的要素和资源市场，推进商品和服务市场高水平统一，推进市场监管公平统一，进一步规范不当市场竞争和市场干预行为，组织实施保障。习近平总书记在主持召开中央全面深化改革委员会第二十五次会议时强调，"促进加快建设全国统一大市场、推进基本公共服务均等化、推动高质量发展"[1]。在党的二十大报告中，习近平总书记再次强调，"构建全国统一大市场，深化要素市场化改革，建设高标准市场体系"[2]。

二、构建全国统一大市场存在的问题

早在20世纪80年代我国就出台了打破地区封锁，构建统一大市场的专项整治，经过20多年改革发展，我国统一大市场建设取得一定成效，统一大市场规模效应不断显现，基础制度不断完善，尤其是深化市场化改革，开放商品竞争领域，商品统一大市场基本形成，公平竞争理念深入人心。改革开放40多年，我国通过深化改革、竞争开放，发展社会主义市场经济，统一大市场建设，尤其是商品市场建设取得积极成效，但是距离构建全国统一大市场还存在一些差距，主

---

① 《加强数字政府建设　推进省以下财政体制改革》，《人民日报》2022年4月20日。
② 习近平：《高举中国特色社会主义伟大旗帜　为全面建设社会主义现代化国家而团结奋斗——在中国共产党第二十次全国代表大会上的报告》，人民出版社2022年版，第29页。

要是一些体制机制障碍仍未破除，包括市场分割和地方保护比较突出，要素和资源市场建设不完善，商品和服务市场质量体系尚不健全，市场监管规则、标准和程序不统一，超大规模市场对技术创新、产业升级的作用发挥还不充分等。

（一）基础制度规则不统一

过去这些年，我们看到仍然存在"地方保护主义"现象。例如，一些地方自行发布市场准入的负面清单，对外地企业设定明显高于本地经营者的标准，为企业跨区域经营或迁移设置障碍，等等。然而，地方保护主义不仅容易滋生出灰色和腐败空间，也容易形成地方垄断主义。垄断一旦形成就会降低竞争以及阻碍市场流通，不利于全国统一大市场的构建。因此，构建全国统一大市场，首先需要制定统一的制度规则，打破地方保护主义。防止地方政府自建"保护墙"，过度保护本土企业。打破地方自我小循环，阻止市场地方分割，让所有的本土企业都进入全国市场自由竞争，提高效率，增加经济发展的活力和对外竞争力。

（二）设施不完备，流通存在壁垒

地方保护和市场壁垒妨碍了市场机制发挥作用，提高了资源要素跨区域、跨行业流动的制度成本。破除地方保护和市场壁垒，要求地方政府转变职能，找准自身功能定位，当好"裁判员"。地方政府抓经济发展的任务没有变，只不过抓经济的方式方法要作出改变，重点应该放在改善营商环境、加强公平竞争审查、维护市场公平秩序上，推进公共设施建设，做政府应该做的事情，既不能错位也不能越位。

（三）商品和服务市场水平参差不齐

目前经济增速、投资和税收等仍然是地方政府政绩考核的重要指标，地方特别是大城市公共服务支出压力也不断加重。同时，政府干预资源配置的权力依然较大，审批权限下放、监管标准不统一、执法尺度不一致，也在一定程度上强化了地方政府干预市场的能力。各地区市场监管的规则、标准和尺度存在较大差异，跨区域的司法和监管体系仍需完善。涉及商品和服务的安全性、基础性的国家标准也多为推荐性标准，权威性和强制力明显不足。

（四）要素资源市场化改革不彻底

当前由于政府行政计划指令配置土地、资本等生产要素资源，导致要素市场的人为分割，制度性障碍阻碍了要素自由流动和资源配置扭曲问题。比如，户籍制度制约劳动力自由流动，土地要素的城乡、区域天然分割依然存在。此次统一大市场文件出台提出要打造土地和劳动力、资本、技术和数据、能源、生态环境等五个方面统一的要素和资源市场。具体而言就是要健全城乡统一的土地和劳动力市场；加快发展统一的资本市场；加快培育统一的技术和数据市场；建设全国统一的能源市场；培育发展全国统一的生态环境市场。这一定程度上说明我国要素资源市场化程度仍有待提高。

（五）政府不当干预和不当市场竞争行为

在市场准入和市场监管方面，还存在着一些隐性壁垒。不同辖区在市场准入负面清单，市场监管的标准、规则等制度方面不统一，给企业跨区域生产经营带来不便和制度性成本。有些部门出于地方保护，在一些行业、领域设置的准入门槛，损害了市场公平竞争，造成了不公平的市场环境。甚至一些地方通过隐性壁垒的歧视性政策限制外地企业进入本地生产经营，地方保护主义行为仍然存在。同时，在政府采购和招投标方面，还存在着地方保护和歧视行为。行政审批和市场准入等方面存在问题，成为影响企业和群众获得感、幸福感、安全感的因素之一。

（六）制约经济畅通循环的体制机制性障碍

传统的辖区属地化管理体制在一定程度上制约了全国统一大市场建设。比如，在某些领域，我国出于监管风险，要求企业生产经营活动在同一辖区内完成，一旦跨行政区域，尤其是跨省域就需要重新申请生产经营许可，这种行政辖区壁垒影响了企业自由流动，也给企业带来制度性成本。应该说，属地化管理体制权、责、利非常明确，保障了我国产品安全质量，但是也带来了行政辖区的市场分割问题，成为制约国民经济循环的堵点、瘀点，如何构建与跨区域相匹配的市场监管制度是畅通经济循环的重点，需要中央深化制度改革，清理制约要素自由流动的法规规章，释放制度红利，同时，地方与地方之间也要加强配合协作，将政策落实到位。

三、加快构建全国统一大市场政策举措

加快建设全国统一大市场是党中央、国务院的重大战略部署，是畅通内循环，增强我国经济韧性的重大举措，是构建新发展格局的基础支撑和内在要求。针对我国市场体系仍然存在的某些突出问题，加

快建设全国统一大市场需要聚焦以下重点任务。

（一）建立统一的市场制度规则

所谓统一的市场运行制度规则是指保护各类市场主体公平交易、竞争，以及保障市场经济健康稳定运行的规则、监管制度和法律体系，具体主要包括：统一的产权保护制度、统一的市场准入制度、统一的公平竞争制度和统一的社会信用制度等制度规则。

畅通循环，规则先行。适应社会主义市场经济发展要求，夯实完善市场运行的基础制度规则，坚持和完善基本经济制度，坚持"两个毫不动摇"，完善统一的产权保护制度，健全统一规范的执法司法体系，保护各种所有制经济产权和合法利益。在市场准入方面，实行全国统一的市场准入负面清单制度，专项清理整顿各地在市场准入、审批许可、经营运行、招投标等方面的歧视性政策法规，坚决消除隐性壁垒，打破各类"卷帘门""玻璃门""旋转门""弹簧门"，坚持对各类市场主体一视同仁，维护统一的公平竞争制度，健全公平竞争制度框架和政策，完善公平竞争审查制度。高质量社会信用体系是建立全国统一市场制度规则的重要保障，是规范市场经济运行的重要抓手。推进社会信用立法，健全统一的社会信用制度，推动形成全国统一的社会信用体系，以健全的信用机制畅通国内大循环、以良好的信用环境支撑国内国际双循环相互促进。积极推动国内规则、制度与国际通行规则和先进标准接轨。构建全国统一大市场是培育参与国际竞争合作新优势的重要基础，以国际循环提升国内大循环效率和水平，推动国内的规则、制度、管理、标准与国际相接轨，有效利用全球要素和市场资源，使国内市场与国际市场更好联通。扩大高水平对外开放，深化规则、标准等制度型开放，参与全球经济治理，提高我国在全球经济治理中的制度性话语权，也倒逼国内深化制度改革，奠定统一的市场运行规则制度基础。

（二）完善社会主义市场经济的现代化治理

从马克思主义辩证唯物主义生产力与生产关系的角度来看，特定的生产力发展水平有与之相对应的空间发展形态。生产力发展水平低下的初级阶段对应单个行政辖区，生产力发展水平的中级阶段出现了城市组团，到了高级阶段，出现了都市圈、城市群的空间发展形态。由于集聚与扩散效应，城市空间形态呈现了以核心城市为中心，要素资源逐步向周围地区扩散，进而形成了中心与外围地区紧密相连的都市化地区。

但是，我国采取的传统辖区属地化的制度体系与生产力发展不相适应，商品资源要素自由流动的障碍仍然存在。因此，要处理好中央与地方、部门与部门、地方与地方之间的关系。突破行政壁垒，破除制度性壁垒，降低交易成本。从制度建设着眼，明确阶段性目标要求，压茬推进统一市场建设，同时坚持问题导向，着力解决突出矛盾和问题，加快清理废除妨碍统一市场和公平竞争的各种规定和做法，破除各种封闭小市场、自我小循环。通过强化地区间合作，达到"1+1>2"的良好局面。同时，适应区域一体化的发展趋势，建立与一体化相适应的制度体系，促进商品要素资源自由流动。改变传统辖区属地化的管理体制，建立一体化的立法、司法、行政管理制度体系。

（三）加快营造高效优良的商品和服务市场

营造高效优良的商品和服务市场，要继续以法治建设和治理能力提升为重点，加快全面实施市场准入负面清单制度和公平竞争审查制度，最大限度减少政府对生产要素资源配置的干预，提升要素市场监管效能。

第一，完善要素市场发展的法律法规，促进市场双向开放。市场经济是法治经济，法治是社会主义市场经济的内在要求。要加快完善市场监管法律法规，加强负面清单的动态调整，不断缩小负面清单范围，以打破地域分割和行业垄断、清除市场壁垒为重点，加快清理废除妨碍统一要素市场形成和公平竞争的各种规定与做法，依法有效遏制行政性垄断和各种地方保护主义造成的市场分割行为。加强支撑全国统一要素市场建设的法律法规建设，大幅度放宽市场准入，加快与国际规则对接，扩大要素市场对外开放，积极稳妥走出去，促进贸易和投资自由化、便利化，推动要素市场向更加开放、更高层次、更高水平迈进。

第二，完善要素价格形成机制，创新要素市场监管。一方面，加快建立具有自然垄断性质的管网型资源要素环节定价制度，对于实行市场调节价的行业和领域，要杜绝政府对企业定价行为的直接干预，纠正以补贴、配额等方式扭曲市场价格的行为，推动形成竞争性市场价格；另一方面，按照统一、规范、效能原则，完善要素市场监管体制。针对要素市场监管重点领域存在的难点问题，引入现代监管和系统治理理念，建立与监管对象和目标相适应的监管方法和工具，建立健全全国统一实施、上下衔接配合、公众广泛参与的要素市场监管改革推进机制，着力提升要素市场监管能力和质量。

第三，健全完善社会信用体系，加强社会监督。加快建设完善企业和个人征信系统，建立有效的信用激励和失信惩戒制度，强化全社会信用意识和诚信行为，营造诚实守信、公平竞争的市场环境。强化重点领域失信黑名单和禁入名单的互联互通，对违法失信主体依法予以限制或禁入，持续加强和规范对失信主体的信用监管，真正实现"一处失信、处处受限"。积极拓展公众参与要素市场治理的范围和渠道，建立政府部门、市场主体、社会组织、新闻媒体、司法机关等多元共治的消费维权和监督体系，联合开展诚信缺失治理。

（四）瞄准市场化方向深化制度改革

坚持"全国一盘棋"，打破制约商品要素资源自由流动的政策性"梗阻"。坚持问题导向，着力解决突出矛盾和问题，加快清理废除妨碍统一市场和公平竞争的各种规定和做法，破除各种封闭小市场、自我小循环。打造统一的要素和资源市场，推动建立健全统一的土地和劳动力市场、资本市场、技术和数据市场、能源市场、生态环境市场。

1. 推进土地要素市场化配置

加快建设城乡统一的建设用地市场，针对农村土地征收、集体经营性建设用地入市、宅基地制度改革这"三块地"，明晰产权归属、破除二元价格、规范交易流转，真正使土地合理再配置成为我国经济发展质量提升的核心驱动力。

第一，建立和完善我国土地产权体系。首先，加快建立土地交易市场，完善土地价格体系，公平公正地核定不同时期的土地市场价格。其次，积极探索农村集体建设用地进入市场的有效途径，尽快建立允许农村集体建设用地进入市场的法律法规，允许集体建设用地可转让、可抵押，并以多种形式进入市场。

第二，推动国有与集体土地同地同价同权。首先，对依法取得的经营性集体建设用地，允许转让、出租、抵押，纳入现行的土地市场统一管理；合理分配集体建设用地开发和流转的收益，保障农民土地权益。其次，打破目前对城市规划圈内圈外土地按不同所有制准入的政策，城市规划圈内农村集体所有土地在符合用途管制前提下，也可不改变所有制性质进行非农建设。最后，加快征地制度改革。依法征收农村集体土地，按照同地同价原则及时足额给失地农民公平补偿。

第三，严格执行城乡建设用地增减挂钩政策。首先，严格控制城乡建设用地增减挂钩试点规模和范围。其次，尽快出台专门的农村房屋拆迁规范性法规政策。最后，保障农民的宅基地用益物权，增加对农民宅基地权益的补偿。

第四，减少地方政府对土地财政过度依赖。首先，改革集土地管理与土地经营于一身的行政体制，分离政府经营土地的职能。其次，出台政策法规，明确界定"公共利益征地"的范围。最后，改革土地出让金的征收方式，由一次性征收改为分年度收取。

2.引导劳动力要素合理畅通有序流动

针对劳动力要素市场城乡分割、行业分割等问题，要以深化户籍制度改革为突破口，以完善劳动就业法律制度为抓手，打破城乡、地域、行业分割和身份、性别歧视，加快建立健全现代劳动力要素市场雇佣制度，积极顺应新产业和新用工形式的发展，推进劳动力要素市场培训和信息交流相关机制创新，实现劳动力自由流动、灵活就业和规范雇佣，形成有利于支撑经济高质量发展的统一劳动力要素市场。

第一，构建城乡、行业一体化的劳动力要素市场。进一步发挥市场在劳动力要素配置上的决定性作用，提高劳动力资源的配置效率。深化并加快户籍制度改革，逐步消除制度性限制对劳动力要素市场分割的影响。努力消除行业间和所有制间劳动就业转移的机制障碍，降低劳动力在城乡、地区、行业及所有制部门间的流动成本。

第二，规范劳动力要素市场派遣用工及报酬制度。首先，明确劳务派遣的用工范围和岗位的范围，其次，设置岗位上限，加强对劳务派遣行为的规范，尽快建立全国统一的劳务派遣操作规范。最后，应完善由市场决定劳动力报酬的工资机制，更好地发挥政府监管与服务职能，完善人力资源市场建设，制定科学的劳动标准体系。

第三，建立健全劳动力要素市场培训体系和信息体系。首先，深化教育体制改革，加大教育投入力度，加强素质教育和能力培养。坚持分层分类并结合区域特色的原则确立人才培养定位，积极探索需求导向和就业导向的人才培养机制。其次，加强职业培训，建设覆盖全体劳动者的职业培训制度，加强城乡、区域与行业间劳动力供求信息交流，提高培训效率。

3.推进资本要素市场化配置

资本市场改革和发展应该从培育多层次资本市场和完善金融监管角度切入，同时加快市场机制和对外开放机制构建，为实体经济营造良好的金融环境。

第一，深化资本市场机制改革。规范发展股票市场，有序发展债券市场，稳步发展期货及衍生品市场，提高直接融资比重。完善资本市场的制度建设，动态完善新股发行机制，推出注册制，强化上市公司退市机制；深化利率和汇率市场化改革，稳步推进人民币国际化，提高金融市场国际化水平，有序实现人民币资本项目可兑换。

第二，完善金融监管体系。强化监管协调，加强各监管机构的信息交流，加强宏观审慎监管和微观功能监管；完善金融监管法治体系，提升金融监管科技水平，完善金融监管基础设施，加强功能监管和行为监管；完善宏观审慎管理框架，持续完善宏观审慎评估体系，强化银行业宏观审慎监管，重点加强对跨市场、跨地区、跨行业金融业务的监管。

第三，加大金融改革开放深度和广度。稳妥推进资本市场对外开放，把握好金融开放节奏及阶段性重点，吸引全球卓越人才，提升我国资本市场国际化和专业化水平；防范资本市场开放风险，审慎审批外资增持我国金融机构的持股比例；推进资本市场监管国际合作，开展多层次金融监管合作交流，全方位参与国际金融监管标准制定。

4.加快建设统一数据要素市场

当前，我国数据要素市场建设仍在起步阶段，基础性制度不完善是阻碍数据要素市场发展壮大的关键因素。未来一段时间，应加快推进数字产权、安全管理、开放流通、市场治理、设施规制、收入分配等六项基础性制度建设，促进制度体系法治化和制度实施法治化，实现数据要素价格市场决定、流动自主有序、配置高效公平，为建设高标准数据市场体系夯实制度性基础。

第一，加快确立数据要素产权制度。建立数据产权确立规则，完善个人信息授权制度，健全数据产权保护制度，完善个人和儿童信息保护基本制度，建立个人信息授权许可制度，积极运用现代技术推进数据确权，制定应用区块链、数字签名、隐私计算、智能合约等新一代信息技术界定数据产权的操作方法和管理办法。

第二，完善数据安全管理制度。加强网络安全法、数据安全法、刑法、民法典等法律的衔接，完善信息采集和管控、敏感数据管理、数据交换、数据交易和合理利用等方面法规规章，形成比较完备的数据安全管理法律法规体系。完善分级分类管理制度和健全数据泄露通知制度，创新数据安全监管手段，维护国家数据主权安全。坚持总体国家安全观，明确数据主权，完善跨境数据安全管理办法，平衡好数据本地化存储与数据跨境流动的关系，建立内外有别的跨境数据流动安全保障体系。

第三，健全数据流通交易制度。夯实数据开放共享制度基础，积极推进政府数据开放共享，完善政企数据资源共享合作制度，健全企事业单位数据开放共享制度。推动建立数据市场交易制度。探索建立正面引导清单、负面禁止清单和第三方机构认证评级相结合的数据市场准入管理制度，简化、规范数据市场准入管理。推动与国际数据交易规则的对接，积极参与数据跨境流通市场相关国际规则制定。

第四，夯实数据市场治理制度。加强数据市场监管制度建设，完善数据市场治理工具体系。逐步完善多元共治的数据市场治理体系，探索推动政府、平台、行业组织、市场主体及个人多元参与、协同共治的新型数据市场监管机制，规范各类市场主体的数据资源利用行为。加强数据市场治理国际合作。

第五，完善数据收益分配制度。探索构建数据要素收益初次分配制度。着力构建数据要素收益二次和三次分配机制，完善数据要素收入再分配政策体系。建立反映公共数据供求关系和使用价值的价格形成机制。

（五）以数字化改革破除行政壁垒

新一轮科技革命涌现的大数据、云计算、人工智能等技术手段为破除行政壁垒和构建全国统一大市场提供了可能性和便利条件。在不破行政隶属关系前提下，数字化技术能够突破地域阻隔和部门壁垒，打破行政壁垒这一堵"无形的墙"，提高政府治理效能，促进全社会降本增效。要积极推动数字化技术在商品市场、公共资源交易、现代流通网络基础设施、招投标等领域的普及应用，统一制度规则和技术标准，实现数字化改造和智能化升级。

第一，建设与数字化时代发展相适应的组织架构。一方面要依法依规进行数字化改革，另一方面要通过组织机构改革推动数字化转型发展。建设数字政府，数字赋能政府治理现代化，深化"放管服"改革，全面推行"互联网＋政务服务"，聚焦企业和群众普遍关切的异地办事事项，简化异地备案手续、优化再造业务流程，深入推进政务服务"一网通办"，让数据多跑路，实现企业和群众异地办事"马上办、网上办、就近办、一地办"，显著减少各类市场主体制度性交易成本。

第二，加快破除体制机制障碍，推动政府职能转变。坚持以优化政府职责体系引领政府数字化转型，以数字政府建设支撑加快转变政府职能，推进体制机制改革与数字技术应用深度融合，健全完善与数字化发展相适应的政府职责体系。通过数字化改革，实现数据共享、协同办公。建立健全效能评估和监督考核制度，显著提高政府部门办事效率，提升政府公共服务质量。

第三，加快管理机制创新。数字化改革将进一步推动修订和清理现行法律法规中与数字化发展不相适应的条款，依法依规推进技术应用、流程优化和制度创新，鼓励和规范政产学研用等多方力量参与数字政府建设。在数字化改革进程中，创新各级政府与其他参与主体的合作模式，探索购买服务、合同外包、特许经营等方式，推动形成高效可持续的数字化机制。数字政府建设要以数字化改革促进制度创新，保障数字政府建设和运行整体协同、智能高效、平稳有序，实现政府职能转变、治理方式变革和治理能力提升。

（六）探索制度化的区域合作机制

打破现有体制机制障碍，加快制度创新，构建地方政府间的利益协调和平衡的制度框架。一是废除已经存在的限制地区间要素自由流动的政策及规定，从根本上破除传统的行政垄断型资源配置的束缚，同时建立一系列由地方政府之间共同执行的政府行为准则和市场游戏规则，加强地区间联系，促成区域合作，实现优势互补。二是建立和完善包括决策、执行、监督、仲裁等功能的跨区域协调机构，实现多层次协调互动。重点打造地区经济协作和技术、人才合作的多平台的政府合作载体，为正确处理地区间的竞争关系，建立完善统一的市场体系等创造条件。三是进一步完善区域综合政策体系，保证各层次、各类别政策间的统一性与协调性以及政策实施过程中的权威性、有效性。在分层次、分类别推出各地区相关产业发展政策、人才引进政策、财政与金融支持政策等基础上，科学合理地划分各层次、各类别政策的空间尺度，避免出现因尺度过大导致的政策普惠性偏差或因尺度过小造成的政策碎片化问题。四是推动建立区域一体化战略的实施、监督、评价和考核体系，在一体化意义上实现可操作。如将完成统一规划布局情况、一体化基础设施与平台建设情况、人才流动与引进情况、创新要素开放共享情况等指标，纳入当前政府的行动、激励和考评体系，真正从施政层面促进区域高质量一体化发展。

在社会主义市场经济条件下，建设全国统一大市场，应尊重规律、顺应趋势、深化改革，充分发挥市场在资源配置中的决定性作用，建立全国统一的市场制度规则，发挥数字化技术赋能行政管理改革，消除行政壁垒，打破地方保护和市场分割，加快建设高效规范、公平竞争、充分开放的全国统一大市场。

第十五章
有效防范化解重大经济金融风险

党的二十大指出，深化金融体制改革，建设现代中央银行制度，加强和完善现代金融监管，强化金融稳定保障体系，依法将各类金融活动全部纳入监管，守住不发生系统性风险底线。2022 年底召开的中央经济工作会议指出，2023 年经济工作千头万绪，要从战略全局出发，从改善社会心理预期、提振发展信心入手，纲举目张做好工作。其中一项重要的工作就是有效防范化解重大经济金融风险，包括有效防范化解房地产风险、金融风险和地方政府债务风险等。

一、有效防范化解重大经济金融风险是高质量发展的必然要求

党的二十大指出，从现在起，中国共产党的中心任务就是团结带领全国各族人民全面建成社会主义现代化强国、实现第二个百年奋斗目标，以中国式现代化全面推进中华民族伟大复兴。到 2035 年，我国要基本实现现代化；到本世纪中叶，我国要建成社会主义现代化强国，时间紧、任务重，需要有效防范化解重大经济金融风险，守住不

发生系统性金融风险的底线。金融业以高负债经营为特点，脆弱性是金融行业与生俱来的特性，金融的高风险性往往伴随着高传染性。一旦爆发金融危机，会使金融机构陷入经营困境，打乱货币政策的节奏，引发债务紧缩效应，使经济陷入停滞，极大地影响现代化进程。防范化解经济金融风险是关乎统筹发展和安全的重大问题。

习近平总书记指出："增强忧患意识，做到居安思危，是我们治党治国必须始终坚持的一个重大原则。我们党要巩固执政地位，要团结带领人民坚持和发展中国特色社会主义，保证国家安全是头等大事。"① 改革开放以来，我们党始终高度重视正确处理改革发展稳定关系，始终把维护国家安全和社会安定作为党和国家的一项基础性工作。新形势下，国际环境继续发生深刻而复杂的变化，我国国家安全面临的威胁和挑战增多，特别是各种威胁和挑战联动效应明显。随着我们事业的不断前进和发展，新情况新问题就会越多，面临的风险和挑战就会越多，面对的不可预料的事情就会越多。2015 年频繁显露的局部风险特别是资本市场的剧烈波动说明，个别监管框架存在着不适应我国金融业发展的体制性矛盾，也再次提醒我们必须通过改革保障金融安全，有效防范系统性风险。近年来我国经济发展处于增长速度换挡期、结构调整阵痛期、前期刺激政策消化期"三期叠加"阶段，实体经济边际利润率和平均利润率下滑，大量资金流向虚拟经济，资产泡沫膨胀，金融风险逐步显现，社会再生产中生产、分配、流通、消费整体循环不畅。加之国外环境复杂多变，由美方挑起的中美贸易摩擦变数依旧较大。新冠疫情"黑天鹅"对全球经济金融体系带来较大冲击，我国同样难以独善其身。2023 年经济发展面临的困难挑战

---

① 《习近平谈治国理政》第一卷，外文出版社 2018 年版，第 200 页。

很多，需求收缩、供给冲击、预期转弱三重压力仍然较大，外部环境动荡不安，给我国经济带来的影响加深。

金融活，经济活；金融稳，经济稳。经济兴，金融兴；经济强，金融强。经济是肌体，金融是血脉，两者共生共荣。金融是国家重要的核心竞争力，金融安全是国家安全的重要组成部分。金融风险是长期潜伏的病灶，隐藏得很深，但可能爆发在一瞬之间。美国次贷危机爆发就是一夜之间的事情。如果我们不能提前预判和防范，金融领域爆发风险的可能性是存在的。因此，我们一定要居安思危，增强忧患意识、风险意识、责任意识，保持清醒头脑，着力解决经济社会发展中的突出矛盾和问题，有效防范各种潜在风险。如果发生重大风险又扛不住，国家安全就可能面临重大威胁，全面建设社会主义现代化国家进程就可能被迫中断。我们必须把防风险摆在突出位置，"图之于未萌，虑之于未有"，力争不出现重大风险，或者在出现重大风险时扛得住、过得去。

二、我国经济金融风险隐患剖析

我国要积极稳妥防范处置突出风险点，严密防范化解房地产泡沫、资本无序扩张以及地方政府债务等引发金融风险，不忽视一个风险，不放过一个隐患，防患于未然，确保经济金融安全高效稳健运行。

（一）房地产领域的风险隐患

房地产形式是产业，本质却是金融，二者的关系错综复杂。在国际产业分类标准体系中，房地产被归类为金融业，因此从某种程度上看，"地产即金融"是有一定道理的。究其原因，一是金融机构的资金支持对房地产开发至关重要。从购地、开发到建设，房地产是资金需求大户，离开金融的支持，作为资金密集型行业的房地产业寸步难行。二是房价与货币供应量相互影响。一方面，房价的涨跌通过影响货币乘数进而影响货币供应量；另一方面，货币供应量直接关系到全社会物价水平和资产价格水平，当然也会影响到房价和房地产市场。三是房价波动直接关乎金融风险。房地产与金融的连接点就是资金的供求，房地产市场是主要的资金需求方，金融的功能就是资金的融通和风险的管理，房地产市场的稳定性和房价的波动直接影响金融的安全性。房地产与金融高度融合，为金融体系形成不可忽视的潜在金融风险，而且这种风险既可能由"黑天鹅"引发，又可能由"灰犀牛"引发。金融体系被房地产绑架是我国经济最大的问题之一。未来我国经济能否持续健康发展，金融体系是否稳健，很大程度上取决于如何妥善解决房地产问题。

房地产安全与金融安全息息相关，房地产风险与金融风险同样相伴而生，房地产泡沫的不断扩大终将引发经济金融危机。从我国房地产金融形势来看，房地产金融风险依旧是监管的重点，其中的风险点需要充分关注。首先，房地产贷款"绑架"金融体系。房地产行业是资金密集型行业，房地产开发的高周转特征决定其对资金的需求特别大。房地产金融风险的大小首先取决于其规模的大小，银行是房地产最重要的资金来源。其次，居民杠杆率居高不下增加贷款违约风险。除了房地产企业，个人购房按揭贷款的规模同样庞大，个人住房贷款在住户部门总负债中一直占据主体地位。部分购房者为了凑齐首付，通过金融机构获得消费贷款，导致金融统计报表中的大量消费贷款也进入房地产市场，这种违规加杠杆的情况助长了房地产市场的投机行为，加大了金融机构不良贷款率上升的风险。最后，高房价严重抑制居民消费和经济转型。被房地产"捆绑"了的金融体系和经济体系，既恶化了财富分配，不利于我国经济的长期稳定增长和经济转型，也对居民消费形成挤压。高房价使居民部门出现大量"百万负翁"，房贷占用大量日常现金流，对居民消费构成挤出效应。老百姓的绝大多数收入不是在"攒首付"，就是在"还房贷"，无力消费。同时，房价和地价的快速上涨增加了企业的用地成本，不利于企业的技术研发和转型升级。甚至部分制造业企业热衷于"挣快钱"，开工厂不如投资房地产，制造业微薄的利润无法与房地产行业的高额利润相提并论。长此以往，会对实体经济造成巨大冲击。

（二）资本扩张引发的金融风险隐患

资本扩张有两面性，既能分散风险，也会带来风险。资本扩张引发金融风险，既表现在资本扩张依赖金融机构和金融支持，也表现在资本控股金融机构，进而使金融机构成为为资本扩张服务的工具。从我国资本扩张的领域来看，一是房地产领域的资本无序扩张。不断利用高杠杆吸引资金流入房地产，推动高地价和高房价螺旋上升，使房子逐渐失去居住属性，大量变成投资品。二是平台机构领域的资本无序扩张。借助互联网平台实现垄断，进而增加中小企业和消费者的成本。三是金融科技领域。以科技之名行金融之实，逃避金融监管，甚至以普惠金融之名行高利贷之实，增加融资成本，造成极大的金融风险隐患。

风险就是发生损失的可能性。资本的扩张有可能带来收益，也有可能带来损失。资本扩张本身就是一种高风险的资本运作行为，会受到各种因素的影响，其过程中可能面临以下几个方面的风险。一是运营过程的不确定性。企业赖以生存的外部环境千变万化，内部决策和管理同样可能出现各种偏差和失误，这些因素决定了企业扩张后的运营会存在大量的不确定性。同时，企业扩张后对运营资金的需求是巨大的，尤其是借助高杠杆完成的资本扩张，运营资金的筹集会成为一大难题。再加上扩张后一系列的产业布局，要想实现持续经营、正常生存的目标，需要大量的资金投入。二是财务压力的不可避免性。资本扩张过程中通常需要大量资金的支持，其资金来源以银行贷款和债券融资为主，自有资金占比较小，这必然导致收购方杠杆率急剧增加，面临较大的偿还债务压力。三是资本风险的普遍性和复杂性。企业是一个复杂的社会组织，其经营活动涉及方方面面，尤其是资本的扩张过程会涉及企业产权、人员等一系列问题，这就使资本风险更加复杂。尤其是在资本扩张后如果企业经营不善，巨大的还款压力和利息费用足以导致企业的亏损和破产。

适度的杠杆率是必要的，但过高的杠杆率就意味着高风险。资本扩张能够扩大企业规模，给投资者带来获取更大收益的机会，同时资本扩张过程中对杠杆的使用也能够带来一定的风险。高杠杆会导致之前稳步运行的企业变成高负债企业，大幅增加了企业的财务费用，使企业面临流动性风险和流动性危机。以房地产行业为例，属于典型的资金密集型行业，具有前期投入大、回款速度慢等特点，这就决定了该行业具有高杠杆、高负债经营的特性，过高的杠杆率就会给企业带来过高的财务风险，进而增加整个金融体系的系统性风险。

高杠杆融资的动力来源于较高的风险收益率，但该融资方式容易引发企业资金链断裂，引起金融机构、投资机构和企业的风险共振。当企业不能按期兑付债券或归还贷款时，引发财务风险的概率会极大增加。第一，高杠杆下的偿付风险。在扩张行为发生后，如果企业后续发展不理想，公司运营困难，财务成本支出会成为企业巨大的负担，如果无法偿还扩张过程中所借的本金及利息，就会导致企业违约，引发偿付风险。个别保险公司为了吸收社会资金投资二级市场，通过承诺高收益率大量发行万能险产品，甚至达到毫无节制的地步，如果投资失败，保单无法兑付，就会出现偿付风险。依靠高杠杆实现的资本扩张属于一种投机行为，在目标结果不明确、资金流动性压力较大的背景下，这种高杠杆会直接压垮资本扩张方。第二，高杠杆下的流动性风险。资本扩张过程往往伴随短债长投问题，一旦资金运转困难，就会出现流动性风险。尤其是收购过程中如果持续时间过长，收购企业容易出现流动性紧缺问题，这就会需要"过桥资金"，无疑增加了财务压力。此外，即使扩张完成之后，仍然需要大量资金维持基本运营，如果再融资遇到困难，资金无法及时到位，企业同样面临流动性风险问题。第三，高杠杆背后的多层嵌套问题突出。融资方在杠杆收购过程中，往往会动用多家金融机构。部分金融机构通过设计复杂金融衍生品进行多层嵌套，想方设法绕开监管，将资金投放到二级市场。同时，这些金融机构通过承诺高收益率来吸收大量社会资金，铤而走险追逐高收益项目。多层嵌套下的风险隐蔽性更强，风险传播速度更快，资金链条更长，一个环节出现问题，整个资金链条就有可能断裂，极易引发系统性金融风险。第四，高杠杆下的虚假资本金风险。为了加杠杆，需要想方设法提高资本金，但这些资本金相当一部分是虚假的、违规的和变相的，更有甚者将所控股银行的存款资金、信贷资金转为资本金，将旗下保险公司的保费收入在集团内部交叉投资，最后也"巧妙"地转换为资本金。资本金增加以后继续加大杠杆，资金规模实现了天文数字般的膨胀。虚假的资本金加上不断提高的杠杆率，为接下来的扩张创造了条件，也给金融机构造成了风险隐患。

（三）地方政府债务风险

我国财政风险主要体现为地方政府债务风险。发行地方债的必要性毋庸置疑。但随着地方政府债务规模不断扩大，风险在急剧增加，对金融稳定和经济可持续发展构成较大威胁。如果不将地方政府债务风险控制在一定的范围内，就极有可能转变为中央政府的风险，影响国家经济安全。地方政府债务风险爆发的结果并不是某个地区财政运行收不抵支，而是会传导到整个金融体系，形成从中央到地方的经济危机。因此，地方政府债务风险不仅包括无法偿债、难以兑付的风险，还包括影响金融稳定、经济发展及社会稳定的风险。一方面，地方债务规模过大使地方财政无法正常运转。地方政府债务规模过大，会极大增加地方政府还本付息的财政支出压力，影响财政运行的稳定性。另一方面，地方债务规模过大增加了爆发金融危机的概率。从统计数据来看，金融机构贷款在地方政府债务余额中占有较高比例，包括向地方融资平台的贷款和借款垫付等，这种做法使金融机构风险不断积累。

我国地方政府债务扩张不是偶然，从我国的财政管理体制、政府在经济发展中所发挥作用及政府行为、债务管理等方面，可以看到其内在原因。首先，从财政体制看，地方政府承担着较大的事权必然意味着需要更大的财力支撑，在收入有限的现状下，只能借助债务融资。同时，在预算法修改之前，"地方各级政府预算按量入为出、收支平衡的原则编制，不列赤字；除法律和国务院另有规定外，地方政府不得发行地方政府债券"的规定，使地方政府预算内合法的、阳光下的融资渠道被堵截。一方面是融资压力，另一方面是融资渠道受限，金融危机后在刺激性财政政策的风口下，地方政府债务尤其是隐性地方政府债务从星星之火开始野蛮生长。其次，政府在推动经济发展过程中发挥着重要的作用，这里的政府包括中央政府和地方政府。我国的地方政府除了承担公共服务职能，还承担了较多的经济职能，比如招商引资等，从而催生了地方融资平台这种具备企业和准政府机构双重特征的产物。融资平台在推动地方经济发展过程中发挥了不可替代的作用，地方经济对融资平台的依赖性难以解除。最后，地方政府债务预算软约束现象明显。预算软约束集中表现在投资时漠视资本价格和成本约束，陷入财务困境时预期得到救助。在各项指标考核和激励下的地方政府，只能通过大肆举债把 GDP 提上去，却无法顾及债务规模"滚雪球"似的不断扩张后所带来的严重后果，结果就是债务"雪球"在新官旧官间"击鼓传花"。债务置换是短期内不得已的选择，但无法阻止债务"雪球"越滚越大。深挖地方政府预算软约束背后的原因，一方面在于各级政府的权力授予、运用、约束机制，与国家治理体系现代化的要求相距甚远，"一级政府、一级财政、一级预算、一级举债体系"的架构尚未理顺。另一方面在于政府与市场的关系尚未理顺。政府主体与市场主体边界不清，导致地方政府债务边界不清，出了问题只能由政府兜底。

三、全面提升防范化解经济金融风险的能力

提高防范化解金融风险能力，要以强化金融监管为重点，以防范

系统性金融风险为底线，坚持党对金融工作的集中统一领导，加快相关法律法规建设，完善金融机构法人治理结构，加强宏观审慎管理制度建设，加强功能监管，更加重视行为监管。

（一）坚持加强党的领导

2023 年 3 月，中共中央、国务院印发了《党和国家机构改革方案》。其中的两项重要内容就是组建中央金融委员会和中央金融工作委员会，加强党中央对金融工作的集中统一领导。金融领域的特殊属性增加了防范金融风险的难度。为了更好维护金融稳定与金融安全，需要发挥我国的制度优势和政治优势，需要将党的领导与金融机构治理深度融合，按照中央全面从严治党的要求和巡视全覆盖部署，充分发挥巡视利剑作用，坚决遏制金融领域的违法违规问题。金融工作必须在党的领导下开展，紧紧围绕服务实体经济、防控金融风险、深化金融改革三项任务，实现以人民为中心的发展。党的宗旨是全心全意为人民服务，人民立场是党的根本立场，金融工作不能忘了这个宗旨和立场。要把党的领导融入金融机构治理各环节，保证党组织在金融机构治理结构中的领导地位。

（二）确保房地产市场平稳发展

2022 年中央经济工作会议明确要求，要确保房地产市场平稳发展，扎实做好保交楼、保民生、保稳定各项工作，满足行业合理融资需求，推动行业重组并购，有效防范化解优质头部房企风险，改善资产负债状况，同时要坚决依法打击违法犯罪行为。要因城施策，支持刚性和改善性住房需求，解决好新市民、青年人等住房问题，探索长租房市场建设。要坚持房子是用来住的、不是用来炒的定位，推动房地产业向新发展模式平稳过渡。

只有房地产市场平稳健康发展，才能从根本上防范房地产领域引发的金融风险。促进房地产市场平稳健康发展的根本原则就是要坚持"房住不炒"的总基调，积极推动房地产领域的供给侧结构性改革，解决住房供需失衡的问题。坚持"房住不炒"的总基调，就是要让住房信贷政策既能够防范风险、抑制投机泡沫，又能够满足居民合理购房需求，让房地产回归实体经济和居住属性。中央反复强调"房住不炒"，意味着无论在什么情况下都不会出台大规模的房地产刺激措施，不会过分依靠房地产来拉动经济增长。对高房价的调控，需要从供需框架展开，从供需两端同时用力。需要注意的是，我国房地产市场当前的主要矛盾在供给侧，是结构性问题。推动房地产领域的供给侧结构性改革才是治本之策，应根据人口规模和人口流动情况决定土地供应，加快建立多主体供应、多渠道保障、租购并举的住房制度。未来的供应主体应从单一的开发商为主体转变为政府、开发商和长租公司等多方供给主体。尤其是开发商和政府两个主体要各归其位：从市场的角度看，房子是一种商品，应由市场来决定其价格；从政府角度看，房子关系到居民的基本民生问题，政府需要兜底。大力推动廉价住房建设，支持福利性公共住房建设，因贫困等原因找不到房子的家庭，政府应为其提供基本住房供其租住，租住后可同样享受教育、医疗等基本权利。

（三）筑牢产业资本与金融资本的"防火墙"

社会主义市场经济是一个伟大创造，社会主义市场经济中必然会有各种形态的资本，要发挥资本作为生产要素的积极作用，同时有效控制其消极作用。社会主义市场经济的本质是法治经济，资本的活动当然要依法进行。要坚持守正创新，在以人民为中心的前提下鼓励资本作为生产要素健康发展。只有找准正确方向，发展才有好的结果。否则，不讲规范，就无法实现健康的发展。防止资本无序扩张，不是不要资本，而是要对资本的发展加以规范。现代化经济体系中的一项重要内容就是公平竞争的市场体系，只有为资本设置"红绿灯"，统筹考虑活力和秩序，坚持监管规范和促进发展两手并重，才能让资本服务于经济社会发展大局。在实践中，既要发挥金融资本服务实体经济的功能，又要遏制金融资本化和资本金融化的弊端。在金融资本方面，要强化其融资功能；在产业资本方面，要突出其作为生产要素的本位。金融业是我国应对资本无序扩张的主阵地，要遏制金融业资本的无序扩张，既要加强对金融机构股东的穿透式监管，依法打击各种金融大鳄通过隐蔽渠道控制金融机构的行为；也要严防银行保险资金的违规乱用，以加杠杆的方式助力资本无序扩张，尤其是对恶意扩张行为要严格限制。

（四）防范化解地方政府债务风险

2022 年中央经济工作会议明确要求，要防范化解地方政府债务风险，坚决遏制增量、化解存量。地方政府隐性债务风险防控，关系到地方财政稳健运行和实体经济健康发展，关系到金融市场稳定和经济社会发展大局。地方政府隐性债务风险带来的经济后果从来不局限于其本身，关键在于与多方位风险的联动。其中，地方政府隐性债务风险与金融风险之间由于关联性，形成了螺旋效应，极易牵一发而动全身。为了完善地方政府债务发行的制度建设和做好风险防控体系建设，还需要从以下几个方面作出努力。

第一，在一个更长的期限内循序渐进处置地方政府隐性债务。

旧债旧办法，新债新办法。在当前我国经济下行压力较大的背景下，处置地方政府隐性债务可能会加大经济下行的压力，所以在处置过程中需要把握好政策的速度、力度和节奏。划定一个较长的隐性债务处置期，走渐进式的隐性债务处置道路。渐进不是无奈而是负责，不是妥协而是精进。如果对隐性债务"用药过猛"，采取"齐步走"、"一刀切"及"一步到位"的措施，必然会导致"同步震荡"和"合成谬误"的问题。

第二，规范金融机构同地方政府的合作方式。金融业是一个高风险行业，同时也是一个容易"被绑架"的行业，尤其是容易被房地产和地方政府所"绑架"，原因就在于金融业与其他行业具有高度的相关性和依赖性。就金融机构与地方政府的合作来看，除了处置期内的"借新还旧"，商业性金融机构为地方政府提供资金支持的唯一渠道就是购买地方政府债券，再无其他渠道。禁止商业性金融机构违反规定向地方融资平台提供贷款，阻断地方政府隐性债务风险引发系统性金融危机的链条。

第三，地方政府要有所为有所不为。地方政府在为自己减负的过程中，要"勒紧裤腰带"过紧日子，合理界定政府与市场边界，明确各级政府事权。债务不仅是财政部门的事情，很大程度上与政府职能转变相关。地方政府在过去管了很多"不该管、管不了、管不好"的事情，管得越多意味着财政支出的负担越重，因此缩减地方政府财政支出首先要做的就是"让市场在资源配置中起决定性作用"，政府应把原本属于市场的权力交还给市场，让企业和企业家积极发挥"看不见的手"的作用。

第四，推动房产税成为地方政府收入的重要来源。解决债务问题，无外乎开源与节流。房产税的征收可以扩充地方政府收入来源，弥补地方政府日渐枯竭的土地出让金收入，是保障地方政府财政收入稳定的重要来源。在存量房时代，房产税的税源应该集中于保有环节。虽然短期内房产税无法替代土地出让收入，甚至出现房产税与土地出让收入此消彼长的"跷跷板"效应，但长期看替代性将逐渐增强，房产税完全可替代土地出让收入成为地方政府重要的收入来源。

参考文献

《邓小平文选》第三卷，人民出版社 1993 年版。

《习近平谈治国理政》第一卷，外文出版社 2018 年版。

《习近平谈治国理政》第二卷，外文出版社 2017 年版。

《习近平谈治国理政》第三卷，外文出版社 2020 年版。

《习近平谈治国理政》第四卷，外文出版社 2022 年版。

习近平：《高举中国特色社会主义伟大旗帜　为全面建设社会主义现代化国家而团结奋斗——在中国共产党第二十次全国代表大会上的报告》，人民出版社 2022 年版。

习近平：《论把握新发展阶段、贯彻新发展理念、构建新发展格局》，中央文献出版社 2021 年版。

习近平：《在科学家座谈会上的讲话》，人民出版社 2020 年版。

中共中央党史和文献研究院编：《习近平关于"三农"工作论述摘编》，中央文献出版社 2019 年版。

中共中央党史和文献研究院编：《十九大以来重要文献选编》（上），中央文献出版社 2019 年版。

中共中央党史和文献研究院编：《习近平关于网络强国论述摘编》，中央文献出版社 2021 年版。

中共中央文献研究室编：《习近平关于科技创新论述摘编》，中央文献出版社 2016 年版。

中共中央文献研究室编：《习近平关于社会主义经济建设论述摘编》，中央文献出版社 2017 年版。

赵昌文、朱鸿鸣：《持久战新论：新常态下的中国增长战略》，中信出版社2016年版。

［美］万尼瓦尔·布什：《科学：没有止境的前沿》，范岱年等译，商务印书馆2004年版。

包先康、朱士群：《非社会问题化与社会政策遮蔽》，《晋阳学刊》2011年第4期。

包先康：《我国社会政策碎片化与民生困境》，《安徽师范大学学报（人文社会科学版）》2016年第4期。

陈健、郭冠清：《马克思主义区域协调发展思想：从经典理论到中国发展》，《经济纵横》2020年第6期。

丁元竹：《中国共产党增进民生福祉思想的发展——中国特色、中国风格、中国气派社会政策探索》，《开放导报》2021年第6期。

关信平：《我国当前的民生短板及社会政策的任务》，《社会政策研究》2019年第1期。

关信平：《中国共产党百年社会政策的实践与经验》，《中国社会科学》2022年第2期。

黄季焜、胡瑞法、易红梅、盛誉、王金霞、宝明涛、刘旭：《面向2050年我国农业发展愿景与对策研究》，《中国工程科学》2022年第1期。

李娟：《养老事业与养老产业协同发展的学理性思考》，《上海大学学报（社会科学版）》2023年第1期。

刘鹤：《必须实现高质量发展》，《人民日报》2021年11月24日。

刘昆：《稳字当头稳中求进　实施好积极的财政政策》，《求是》2022年第8期。

庞瑞芝、李帅娜：《我国医疗资源配置结构性失衡与"看病贵"——基于分级诊疗体系的视角》，《当代经济科学》2022年第3期。

彭浩然、岳经纶：《东莞医改与神木医改：地方社会政策创新的经验与挑战》，《中山大学学报（社会科学版）》2012年第1期。

沈玮玮：《以"亲""清"定位新型政商关系》，《人民日报》2016年4月28日。

唐仁健：《百年伟业"三农"华章——中国共产党在"三农"领域的百年成就及其历史经验》，《中共党史研究》2021年第5期。

田金方、朱倩倩:《消费者信心影响中国家庭消费的实证诠释》,《经济与管理评论》2013 年第 2 期。

王美艳:《当前青年就业新态势及应对策略》,《人民论坛》2021 年第 15 期。

翁杰明:《国企改革三年行动推动国资国企领域发生深刻变革》,《学习时报》2023 年 2 月 10 日。

徐驰文:《我国城乡消费者收入分配与消费需求的互动关系研究》,《商业经济研究》2021 年第 20 期。

杨佩卿:《数字经济的价值、发展重点及政策供给》,《西安交通大学学报(社会科学版)》2020 年第 2 期。

原新、刘厚莲:《改革开放以来中国农业劳动力变迁研究——基于人口普查数据的分析》,《中国农业大学学报(社会科学版)》2015 年第 4 期。

翟云:《发展数字经济重在"以数促实"》,《光明日报》2022 年 12 月 17 日。

翟振武、李姝婧:《把握生育新态势建立整体性生育支持政策体系》,《人口研究》2022 年第 6 期。

张强、徐德生:《马克思主义需求理论的特质及其理论划分》,《辽宁师范大学学报(社会科学版)》2014 年第 2 期。

赵炜:《新就业形态给青年群体带来的机遇和挑战》,《人民论坛》2023 年第 2 期。

郑宝华:《全面准确理解乡村振兴战略》,《社会主义论坛》2017 年第 12 期。

邹一南:《农民工落户悖论与市民化政策转型》,《中国农村经济》2021 年第 6 期。